李小龙

BRUCE LEE

生活的艺术家

李小龙 ◎ 著

贵州出版集团
贵州人民出版社

图书在版编目（CIP）数据

生活的艺术家 / （美）李小龙著 ；张锴译 . -- 贵阳：
贵州人民出版社，2024.4
ISBN 978-7-221-17926-5

Ⅰ．①生… Ⅱ．①李… ②张… Ⅲ．①李小龙（
1940-1973）－文集 Ⅳ．① K825.78-53

中国国家版本馆 CIP 数据核字 (2023) 第 179991 号

生活的艺术家

SHENGHUO DE YISHUJIA

[美] 李小龙 / 著　张　锴 / 译

出 版 人	朱文迅	
责任编辑	刘　妮	
出版发行	贵州出版集团　贵州人民出版社	
地　　址	贵阳市观山湖区中天会展城会展东路 SOHO 公寓 A 座	
印　　刷	大厂回族自治县德诚印务有限公司	
版　　次	2024 年 4 月第 1 版	
印　　次	2024 年 4 月第 1 次印刷	
开　　本	890 毫米 ×1240 毫米　1/32	
印　　张	8	
字　　数	152 千字	
书　　号	ISBN 978-7-221-17926-5	
定　　价	59.00 元	

以无法为有法　以无限为有限

行动是通往自尊与自信的必经之路。

——李小龙

前　言

　　一直以来，大多数人对于李小龙的认识还停留在武术家、电影明星上面，却忽视了李小龙成为一个杰出的武术家和电影明星背后的原因。也许是因为他武术和电影上取得的成就太过耀眼，以至于他在艺术上的思想被掩盖了。

　　事实上，李小龙之所以是李小龙，和他深邃的思想以及这些思想背后的哲学密不可分。李小龙主修哲学专业，他把哲学思想与武术融合起来，具有鲜明的个人风格。在他的哲学理念中，有一个核心部分——认识自己。

　　李小龙认为，在武术界，人们过于迷恋招式，将那些所谓的招式看作是真理，背离了武术的本质。武术的终极目的就是表达自我，将对手和自己看作一个整体，武术的动作应该和对手的动作是和谐的，招式都是顺势而为，没有固定一说。

　　由此可以看出，李小龙的思想不仅仅在武术上发挥着重要作用，其实在生活的方方面面都具有相当积极的意义。我们到底是谁？我们应该做什么？怎么做？其实不必向外求，认识你自己，最为重要。

本书内容是由李小龙亲自写就，从李小龙的字里行间我们可以看到，他是如何从一个默默无闻的武者成为影响世界的武术家、思想家的。李小龙有着和普通人一样的困惑和烦恼，但是他最终解决了这些问题。这对每一个普通人也具有启发意义。

序

《生活的艺术家》一书，是华人传奇、武打巨星李小龙一生思想的结晶，这位一代宗师不仅创造了独特的武术风格和电影形象，更影响了无数人的生活方式。本书所述，不仅是李小龙的个人生活经历，更是李小龙的生活哲学和人生智慧。

李小龙作为一名武术家和演员，他的艺术生涯短暂而辉煌，但他的影响力却超越了时间和空间的限制。他创造的"截拳道"不仅是一种武术思想，更是一种生活哲学。他认为，生活就是艺术，每一个人都应该像艺术家一样对待自己的生活，发掘自身潜力，追求自我完善。

本书所传达的正是这种生活哲学。李小龙用自己的一生诠释了这一理念，他坚信，一个人只有不断探索和挑战自己，才能超越自身的局限，创造出更加出色的成就。他在电影和武术的领域中，不断突破自己的极限，取得了非凡的成就，但他从不满足于此，一直在寻求更高层次的人生体验。

本书给读者提供了一种思考生活和工作的方式。作为现代人，我们生活在一个快节奏、竞争激烈的社会中，有时会感到迷茫和无助。但是，当我们看到李小龙一生的探索和努力，看到他不断挑战自我，我们就会发现，每个人都有无限的潜力和可能性，只要敢于追求，敢于挑战自我。

本书是一本具有启示性的书，它可以帮助读者打破固化的思维和有限的格局，开阔视野，激励人们勇于探索和实践，不断追求卓越。同时，本书也是一本关于艺术和文化的书，它展现了中国武术的辉煌历史和文化底蕴，让读者更深入地了解和感受中华文化的独特魅力。

李小龙的一生不仅是一个人的传奇，更是中国文化的宝贵财富。他通过自己的努力和创造，为中国武术和电影的发展做出了杰出的贡献。他的思想和理念也深刻地影响了世界各地的人们。

在这个全球化的时代，我们需要拥有开放的思想和广阔的视野，去了解和欣赏不同文化之间的差异和相似之处。李小龙所代表的生活哲学，正是这样一种开放的思想。他的思想和行动突破了传统思维的束缚，拓展了中国文化的视野和发展空间，同时也为世界文化的多元化做出了贡献。

本书是一本具有多重价值的书。它不仅传达了一个伟大人物的生平和思想，更启示人们如何面对生活和工作中的挑战，如何发掘自身的潜力和创造力，成为一个真正的"生活的艺术家"。我相信，本书会对读者有很深刻的启示和影响，它将成为一本永不过时的经典之作。

我无法教你，只能帮你探索自己，仅此而已。

——李小龙

目 录

第一章　功　夫
Chapter 1

1

第三章
Chapter 3

功夫与修心

截拳道的本质

功 夫

李小龙和他的父母

功夫之道：中国武术研究

功夫是一种特殊技能，它不仅仅是锻炼方法或自卫术，更是一种精妙的艺术。对于中国人来说，功夫是一种身心合一的精妙艺术。功夫的本质不能像科学原理一样，可以通过发现事实和接受教导来掌握。想要掌握功夫的本质，必须出乎本心，挣脱欲望和情绪的束缚，让它从内心深处绽放。功夫的核心是"道"，即宇宙的自发性。

"道"这个词在英语中没有确切与之对应的词。将它定义为"方式""原则""法则"都是对它的狭义化。道家始祖老子这样描述"道"：

> 道可道，非常道；名可名，非常名。
>
> 无名，万物之始；有名，万物之母。
>
> 故常无欲，以观其妙；常有欲，以观其徼。

此两者，同出而异名，同谓之玄，玄之又玄，众妙之门。

《世界哲学名篇》中对"道"的解释为："道是万物无名之始，万物的根本原则，也是至高无上的终极模式，还是万事万物的发展规律。"《人的宗教》的作者休斯敦·史密斯解释道："道是终极现实，是所有生命都遵循的方式或原则。或者说，人类应该迎合宇宙运行的方式来安排自己的生命。"

尽管没有一个词可以取代它的意思，但我还是用了"真理"——功夫背后的"真理"；每个学习功夫的人都应当追随的真理。

道生阴阳，阴阳交泰而生万物，阴阳无处不在。阴阳的原理正是"太极"，也是功夫的基本框架。而太极学说，或阴阳本源学说，是由九百多年前的周敦颐创立的。

阳（太极图中的白色）代表阳性，坚硬、男性、实质、光、白天、炎热等。阴（太极图中的黑色）与阳相反，代表阴性、柔软、女性、虚无、暗、夜晚、寒冷等。太极的基本理论是万事万物都是在变化的。换句话说，事物兴盛（阳）到极致会由盛转衰，即为阴。而事物衰败（阴）到极致会开始兴盛，即为阳。兴盛是衰败的原因，反之亦然。阴阳原理的此消彼长、相互转化是连续的。由此可见，阴阳两种力量看似矛盾，实际相互依存。不是互相敌对，而是合作共生。

阴阳原理在武术中的应用遵循"和谐法则"。它告诉我们，面对对手的进攻，我们应该顺势而为，而不是直接抗衡。这意味着人们不应该做任何非自然或者非自发的事；最重要的是，不要与对手的力量直接冲突。当对手 A 使用蛮力击打（阳）B 时，B 千万不能以蛮力回击；换句话说，B 不能以"阳"对"阳"，而是应当以巧力牵引顺应 A 的力的方向，以"阴"对"阳"。当 A 力竭之时，阳转化为阴，B 可以趁其不备，发动力量（阳）反击。整个过程都是顺乎自然，没有任何勉强；B 只需要顺应 A 的动作并且和谐、连贯地融入其中，不需要回击或反抗。

由此产生了一条与之密切相关的法则——顺其自然，旨在告诉人们忘记自己，顺应对手（的力量）而动，仅仅对变化做出适当反应。其基本原理是顺势而为、借力打力。这就是为什么习武之人从不寻衅，也绝不会站在对方出手时的正前方的原因。习武之人交手时不会直接抵抗，而是选择通过偏移对手的攻击来卸力。顺其自然还体现了不抵抗原则及非暴力原则。自然中的芦苇展现了顺其自然的必要：冷杉的树枝在雪的重压之下折断，但是柔软坚韧的芦苇却不会被雪压折。孔子在注解《易经》中言道："君子藏器于身，待时而动"。在道教立教经典《道德经》中，老子也指出了"柔"的重要性。与一般人认为的不同，"阴"的柔软和坚韧，与生命和生存关系更为密切。相比之下，阳过于强硬，会使人在重压下崩溃（注意最后两句，这是对这两句话最好的描述）：

> 人之生也柔弱，其死也坚强。
>
> 草木之生也柔脆，其死也枯槁。
>
> 故曰：坚强者死之徒，柔弱者生之徒。
>
> 是以兵强则灭，木强则折。
>
> 强大处下，柔弱处上。

功夫与大脑密切相关。事实上，是大脑在指挥身体运动。大脑发出指令，身体完成指令。因为大脑直接指挥身体，所以对于大脑的控制能力就显得十分重要，但这并不容易。在格伦·克拉克的书中提到了运动员的某些情绪失常：

> 每一个冲突焦点，每一种外来的、纷乱的、分散的情绪，都会打乱原有的节奏，影响运动员在赛场上的表现，这种影响要比与他人产生冲突更加严重。这种会打乱原有的节奏的情绪包括：仇恨、猜疑、渴望、嫉妒、骄傲、自负、贪婪和恐惧。

想要演练正确的功夫招式，身体必须放松，这就要求你的意念和精神必须先放松，这样你不仅反应灵敏，而且出手无拘束。为了达到放松的状态，习武之人必须保持心境平和以求做到"空明"。这并不意味着摒弃所有情绪让大脑变得空白，也并不是简单的内心平静及安宁。虽然那也很重要，但是"无欲"才是"空明"的主体。习武之人将自己的内心当作一面镜子，它一无所有却又包罗万象。正如艾伦·瓦茨所说，空明是一种"完整"的状态，在这种状态下，思想可以任意驰骋，没有潜意识或自我意识的阻碍。

其言下之意为，让大脑自在地思考自己喜欢的事物，不受身体自我意识或潜意识的干涉。在你天马行空时，思想不会有任何的阻碍，阻力的消失正是潜意识的消失。没有什么需要勉强，一切都自然而然，既来之，则安之。空明不是指没有感觉或情绪，而是感觉没有黏滞和阻碍。它是一种心灵对情绪的免疫。"就像河水，一直在流动，从未静止。"当我们观看万物但是并没有特意去记住它们时，我们就处于空明之中。老子的后辈庄子曾说过一段大意如下的话：婴儿整天不眨眼，是因为他的眼睛没有聚焦于某一特定物体上。他不知道何去何从，也不知道自己在做什么。因此融入周边环境，并顺其移动，这才是心理健康之道。

因此，功夫中指的专注并不是指将注意力集中在某个具体的对象上，它仅仅是指平和地应对此时此地发生的一切，我们在足球比赛的观众身上可以感受到这种专注。他们不是只注意运球的球员，而是把控足球场上的一切情况。无独有偶，习武之人不专注于对手的特定部位，当他面对很多对手时尤其如此。例如，有十个人准备攻击他，每个人陆续上场将他击倒。当他击败一个人之后，会立刻转到下一个，没有丝毫停顿。无论他下次出手多么迅速，都是下意识的动作，这样才能解决这十个敌人。只有念念无滞，才能打败众多敌人。如果说习武之人不能做到这一点，那他一定会在交锋中的某一刻落败。

思想无处不在，因为它不依附于任何特定物体。即使与某个物体相关，它也不会依附于其上。思想就像池水，随时准备流出。它自由自在又空无一物，所以取之不尽又可容纳万物。张成智将其称之为"静思"，他写道："静意为无思之静，而思意为明悟，故静思为无思之明觉。"

如上所述，习武之人旨在与自己和解，与对手和解。此外，和对手和解尽可能不要使用武力，那会带来冲突与反抗，应当不战而屈人之兵。换而言之，习武之人应当以德服人，而非以力胜人。他放下自己所有的主观感受以及个性，与对手融为一体。在他心里，交手变成互相合作而不是相互排斥。当他的自我以及行动都顺应对手的力量时，他就达到了至高境界——无招（无为）。

"无"意为不做、没有，而"为"是指"行动""做""反抗""应变"或者"忙于什么"。无为并非真的什么都不做，而是明心见性、顺从本心。在功夫中，无为是指自发行动或意向行为，这样说来，控制力量的不是感官，而是思想。习武之人交手时会忘记自己，顺应对手的动作，任凭自己的大脑做出反应而不加干涉。他没有采用内心关于防守的建议，而是选择了顺应对手的方法。所有动作都没有自我意识的干涉，保持大脑的自发性和放松。一旦他开始停下来思考，出手就会变慢，就会被对手击中。因此，每一个动作都必须是下意识的、不加思索的。

达到"无为"，就会获得一种"宁静的安逸"，这种"消极的"成就可以将习武之人从奋斗和劳累中解脱出来。正如庄子所说：

> 圣人之静也，非曰静也善，故静也；万物无足以铙心者，故静也。水静则明烛须眉，平中准，大匠取法焉。水静犹明，而况精神！圣人之心静乎！天地之鉴也；万物之镜也。夫虚静恬淡寂漠无为者，天地之平而道德之至，故帝王圣人休焉。休则虚，虚则实，实则伦矣。虚则静，静则动，动则得矣。静则无为，无为也则任事者责矣。无为则俞俞，俞俞者忧患不能处，年寿长矣。夫虚静恬淡寂漠无为者，万物之本也。

习武之人认为在自然界中最接近无为的是水：

　　天下莫柔弱于水，而攻坚强者莫之能胜，以其无以易之。

　　以上摘录于《道德经》的原文告诉我们水的本质：水性至柔，无可把握；打它，不会受伤；刺它，不会留下伤口；割它，不会分裂。他没有自己的形状，承装它的容器的形状决定了它的形状。水加热变成蒸气时就消失不见，但蕴含了巨大的能量。水冷却时会结冰形成一块巨大的冰晶。水可以像尼亚加拉大瀑布一样汹涌，也可以像池塘一样平静；可以像湍流一样可怖，也可以如炎炎夏日的泉水一样清新。无为正是如此：

　　江海之所以能为百谷王者，以其善下之，故能为百谷王。是以圣人欲上民，必以言下之；欲先民，必以身后之。是以圣人处上而民不重，处前而民不害。是以天下乐推而不厌。以其不争，故天下莫能与之争。

　　世上充满了立志要出名或成就一番事业的人，他们想要脱颖而出。但是这种野心对于习武之人是无用的，因为习武之人拒绝所有形式的自以为是与争强好胜：

　　企者不立，跨者不行，自见者不明，自是者不彰。自伐者无功，自矜者不长。其在道也，曰余食赘形。物或恶之，故有道者不处也。

知者不言，言者不知。塞其兑，闭其门，挫其锐，解其纷，和其光，同其尘，是谓玄同。故不可得而亲，不可得而疏；不可得而利，不可得而害；不可得而贵，不可得而贱。故为天下贵。

一名真正优秀的武者，不应当有丝毫自满。埃里克·霍弗认为，"骄傲"是一种价值感，他并不是与生俱来的。骄傲强调的是一个人在他人眼中地位超然的重要性。骄傲会让人产生恐惧与不安，因为当一个人想要获得超然的地位，为他人所尊重，同时也陷入了对地位丢失的恐惧之中。因此维护自身的地位就成了最迫切的需求，焦虑也随之而来。埃里克·霍弗指出："自我前途越渺茫，影响力越小，就越需要骄傲。当一个人把自己与想象中的自我联系起来时，他就会骄傲；其实质是拒绝接纳自己。"

众所周知，功夫以修身为目的，内在的自我才是一个人真实的样子。为了真正了解自我，习武之人不应为他人意见所左右。因为他心怀自信，不怕被他人轻视，并且自给自足，从不将自己的幸福建立在外来评价之上。与毛头小子不同，真正的武学大师沉默寡言，从不炫耀。习武的过程将武功渗透进他的精神，自我也通过这一过程越来越豁达。对于他们来说，名利都是身外之物。

由此可见无为就是无招之招、无法之法。从功夫的角度来说，真正的初学者对于防御和进攻都一无所知，更不必说关注自己。被攻击时，他会本能地招架，仅此而已。训练一开始，他就会学习如何防御及进攻，如何保持清明，以及其他的格斗技能，这些技能使得他的头脑在关键时刻"停止转动"。因此当他攻击对手时他通常会感觉到艰涩，因为他失去了最初的自在与纯粹。日复一日，年复一年，随着技巧越来越纯熟，他的身体反应以及出手方式越来越接近于刚开始学武的状态——对武术一无所知。起点与终点咫尺之隔，正如在音阶中，由低音到高音逐渐升高。而到达最高音时，紧接着就是最低音。

同样的，当习武之人对于道的探索到达极致，就会成为一个"傻子"，对道和道德教导一无所知，忘记了所学的一切。下意识的动作取代了理性的分析。功夫臻至化境时，身体与四肢可以下意识地做出招式，无须大脑思考。

东西方医学方面最大的不同就在于此。最明显的一点是，中国的锻炼是有节奏的，而西方人的锻炼充满活力与张力。中国人追求天人合一，而西方人主张掌控自然；中国人的锻炼既是一种生活方式，也是一种精神修养。而西方人的锻炼仅仅是运动或者体操。

或许东西方医学最大的不同在于中国的医学是阴（柔和），

而西方的医学是阳（刚强）。我们可以将西方的思想比作橡树，在风中顽强地挺立。但是遇到暴风时，橡树就会折断。而中国人的思想更像是随风弯曲的竹子，风停下时（即由盛转衰），竹子会比以前更加茁壮。

西方的医学是在无端地浪费能量。西方田径运动员的身体器官过度劳累也过度发育，这严重地损害了身体。而中国的医学，强调的是保存能量，其原则就是中庸之道。任何运动都应当使身体正常运作，而不是过度刺激身体机能。中国的医学发源于一种心灵的养生之道，唯一的目的就是带来内心的平和。以此为基础，旨在激活呼吸及正常的内部血液循环。

功夫：东方武术的核心

功夫是东方自卫术的核心，是一种蕴含哲学思想的武术，旨在促进健康、修身养性，并且通过功夫的学习掌握有效的自我保护手段。

功夫中蕴含的哲学思想主要来源于道家和禅宗，即顺势而为，而非与对手强力对抗。正如屠夫以刀入于骨隙，以使刀不被损坏。习武之人也应顺应对手的发力来保全自己。

功夫的含义为通过"自制"与"训练"达到修身养性、强身健体、自我保护的最终目的。对手与我之间没有清晰的分界线，因为二者是互补而非对立的。在功夫中，没有征服、争抢或压制，其理念为使自己的动作和谐地融入对手的动作之中。敌进我退，敌退我进，进退是相互依存的，每一方都是另一方的原因与结果。

刚与柔不可分割，以促进事物不断运动。正如一个人若是想骑自行车去某个地方，他就不能不踩踏板，但也不能同时踩两个踏板。他必须踩一个松开另一个才能使自行车前进。因此，自行车的前进需要的是一松一弛相统一。一味地柔和不能抵挡强大的力量，一味地强力也不能征服敌人。为了在格斗中获胜，必须刚柔并济。有时刚占主导，有时又会相反，两者此起彼伏。运动是真实发生的，因为运动纯粹的流动性正在于它们的相互转化。

因此无论是刚还是柔，都不可超过整体的一半，刚柔并济才能组成整体，才是真正的武术。最应当预防的就是过于刚强。坚硬的树木折于刚强不屈，而柔韧的竹子存于顺风而伏。这就是为什么习武之人应当柔而不弱、强而不刚。最好的例子就是水，水因其柔可透过坚硬的花岗岩。一个人无论怎样攻击水都伤害不到它，因为它从不抵抗，所以无法战胜。

在实战中，功夫以简单的招式为基础。这是四千年来一点一滴实验的结果，具有一定的复杂度。所有的技巧都被舍弃，直指其根本目的，没有丝毫的花哨，每个动作都运用了最直接、最符合逻辑的常识。消耗最少的能量，以最小的动作取得最大的战果。

保持健康的方法类似于让水流动起来，流水不腐。经常运动不是指过度发展或竭尽全力，而是指适当运动使得身体机能正常化。

顿 悟

功夫是一种特殊技能，不仅仅用于体育锻炼或自我防卫，更是一门美学。功夫是一种身心合一的微妙艺术。功夫的原理不能像科学原理一样，可以通过发现事实和接受教导来掌握。想要掌握功夫的精髓，必须出乎本心，斩断欲望和感情的羁绊，让它从内心深处绽放。功夫的核心是"道"，即宇宙的自发性。

经过四年刻苦训练，我开始明白并且感受到柔的本质——一种以自身最小的消耗抵消对手进攻的技巧，它要求内心沉着，不能使用蛮力。这听起来很简单，但是在实战中很难做到。

当我和他人交手时，大脑完全静不下来。几招过后，我关于柔的理论完全被抛诸脑后。此时我脑海中只有一个想法"无论如何，我必须打败他！"

我当时的师父，咏春功夫学校的校长叶问，走过来对我说：

"小龙，放松，保持冷静。忘记自己，跟随对手的动作走。最基本的是，让你的大脑自发地做出相应的动作，不要有任何刻意。最重要的是，要学会超然。"

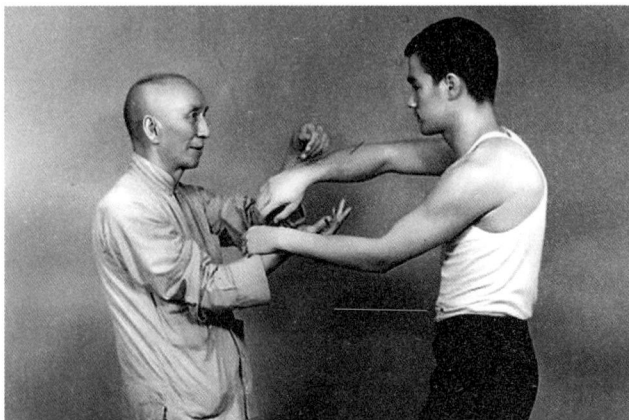

18岁的李小龙和他的老师叶问练习咏春拳

"就是这样，我必须放松！"我告诉自己"我必须放松"时，就是在违背自我意志。因为我不能同时做到"必须"和"放松"。

当我敏锐地感受到心理学家所说的"双重束缚"时，我师父又一次告诉我："小龙，遵循事物本性来保护自己，不要横加干涉。记住永远不要与自然对抗；永远不要正面硬扛对方的招式，而是通过改变其方向来化解它。这星期不要再练功了，回家想清楚再来。"

接下来一周我都待在家里。花了很多时间在冥想和练武上，然后，我放弃了，并决定独自坐船航行。在大海上我反思自己过去的训练，对自己很生气，一拳打在了水上。就在这时——就在那一刻——灵光乍现：这水不正是功夫的本质吗？刚刚这水不就向我展示了功夫的原理吗？我击中了水，但它并没有受伤。我用尽浑身解数再试一次，它仍然没有受伤！我尝试着抓住水，但是失败了。水，天下至柔之物，可以装在最小的罐子里，看起来很脆弱。但实际上，它可以穿透世上至刚之物。就是这样！我想成为水一样的人。

忽然有鸟儿飞过，身影倒映在水中。当时我完全沉浸在水带给我的启发当中，脑海里蹦出另一层含义：当我面对敌人时，我的思想和情绪不正应该像鸟儿飞过时水中出现它的倒影那样吗？这正是叶校长说的超脱——不是没有感觉和情绪，而是不困于自身的感觉。因此为了控制我自己，我必须首先接受自己，不违背本性。

我躺在船上，感觉自己已经融身于道，与自然合而为一。我只是躺在那里，任由船自己漂流。因为在那一刻，我达到了一种境界：对立变成了相互合作，而不是互相排斥，我脑海中再也没有了冲突。对我来说，整个世界都是统一体。

功夫之思

功夫正是因为它的平凡而显得不凡，它只是用最小的动作、最低的消耗直接表达一个人的感受。每一个动作都是基本的，没有刻意为之，没有主动让动作变复杂而无用。越接近功夫的本质，出手时多余的动作就越少。

功夫不需要华丽的西装和领带。当我们渴望学习巧妙的招式或者绝招时，功夫是神秘的。如果真的有任何的秘诀，它一定是在习武之人埋头苦练的时候被舍弃了（毕竟，有什么样的秘诀可以让人在交手时仍然不偏离自然状态呢？）。功夫重视的是平凡的奇迹，但这种观点逐渐不为人所接受。

习武的智慧并不意味着要增加，而是要除去繁复和赘饰，变得简单——正如雕塑家造雕像一样，不是通过增加，而是去除多余部分使得本质的东西最终被揭示出来。功夫强调的是一个人赤手空拳，没有装饰华丽的鲜艳手套，那只会妨碍手本身的功能。修行到深处总是回归简单，而未到深处时则会追求赘饰。

学习功夫分为三个阶段：形，术，道。形的阶段是一个人对格斗术一无所知的原始无知阶段。与人交手时他只是简单地进攻与防御，而不关心对错。当然，他可能出手并没有章法，但他仍然是他自己。

第二个阶段是术的阶段，始于一个人开始正式习武。他学会了不同的格挡和进攻的方式，踢法、站法、步法、呼吸法以及思考方法。毫无疑问，他学到了系统的格斗知识，但不幸的是他也失去了最初的自我和自在感，动作也不再是随心而发。为了分析和预测对手的行动，他的大脑也停滞于每一个动作中。更糟糕的是，他可能困于"理性"而将自己置身于现实之外。

第三个阶段是道的阶段。经过多年认真刻苦的修炼，他意识到一点，功夫没有什么特别的，他不再一门心思扑在招式本身，而是调整自己以适应对手，就像水流经泥土墙面上——会流过最小的裂缝。没有什么是要刻意而为的，只需要像水一样没有目的，没有固定的形状。此时他就不再拘泥于招式，而是无招胜有招。

这三个阶段适用于练习中国功夫的各种招式，其中一些招式相当原始，仅包含基础的快速格挡与击打。总的来说，它们缺乏连招的流动与变化。一些"复杂"的招式，偏向于追求观赏性，被视觉效果和表演技巧冲昏了头脑。无论是外家拳还是内家拳，总是包含了大开大合、观赏性强的动作，以及朝着单一目标前进的复杂步伐（就像画家不满足于只画一条简单的蛇，而是给蛇添了四只美丽而匀称的脚）。

例如，当你被人抓住衣领，练武的人会"先这样做，再这样做，最后那样做"，但是最简单的方法当然是让对手一直抓着你的衣领（无论如何他都已经抓住了），然后直接一拳打在他鼻子上！对于一些优秀的武术家来讲这有些过于简单了，也太普通，太不"武术"了。然而，它正是我们在日常生活中可能遇到并且使用的技术。

武术是自我表达的一种方式。招式越复杂，限制越多，一个人表达的机会就越少。尽管这些招式在学武初期发挥了重要作用，但是也不应该过于复杂、严格、死板。如果我们一直抓着招式不放，就会受到招式本身的约束。

我们应当清楚是人成就了招式，而不是招式成就了人，不要勉强自己去适应他人早就创造出的模式，那是他的，不是你的。你应该"表现"招式，而不仅仅是"表演"招式。事实上没有任何人能够表演招式，除了招式本身。当有人攻击你，不是你学的第一招（或者第二招），但是当时你很清楚他在攻击你，你应该快速闪开，没有任何的迟疑。正如我打电话时，你回答我，或者我丢东西，你接住它，仅此而已。

多年以来通过练习不同流派的武术我得出一个结论：招式仅仅是为了告诉习武之人你已经做得够多了！当然，不同的人有不同的偏好，因此我学习了南拳北腿不同的流派，仔细观察招式的异同。

学会自卫

如果你被暴徒袭击，你会怎么做？你会占据有利条件并反击吗？或者，如果你能跑，你会拼命跑吗？但如果你爱的人和你在一起呢？你会怎么办？这些都是重要的问题。

你只需要阅读报纸上的袭击事件，你就会明白学习自卫的重要性。因为袭击事件不仅仅发生在偏僻的公共场所，也发生在繁华的街区。"凡事预则立，不预则废"是一句古老而可靠的谚语，我在本章中的目的不仅仅是给你打预防针，而且要告诉你一些可以实践的知识，这些知识可以帮助你应对任何敌人，无论高矮胖瘦。

自卫的一些技巧

自卫并不是一件可以轻松敷衍的事。你会发现自己拼命抵抗也只能避免受到重伤，因此不要想着自己不会受伤。我将要教给你的自卫方法不会让你避免受伤，但是可以让你在没有受到严重伤害的情况下保护自己。你必须承认的是忽略疼痛是必要的，尤其是当对手的攻击突破你的防线时，你更应该承认这一点。比起投降，你更应该将痛苦作为反击和追求胜利的动力。（记住，当你被暴徒攻击时，他只有一种想法——一心想摧毁你，很少考虑到你可以做什么。如果你的行为超出他的预料，这将会让他的攻击力至少被削弱一半，这种情况下，你就占据了心理优势。）

这听起来并没有让人有丝毫安慰，但是如果你时刻保持警惕，尤其是当你独自一人在夜晚走路或在偏僻的地方行走时，被袭击的概率会大大减少。密切关注任何在你身后或靠近你的人；在人行道的外侧或小巷中间行走；仔细听任何靠近的脚步声，观察影子。也就是说，当你经过路灯时，你会看到身后人的影子投射在你面前的地上。房间内的灯光或者过往汽车的车灯也会有类似的效果。在这种情况下，一旦你看到影子，立即四处看看是谁。当然，也要避免一直走在阴暗的区域，以免观察不到影子。

重复一遍，在修建良好但安静的街区，走人行道的外侧。这可以避免有人从房间或花园里蹦出来抢走你的钱包、手提包、公文包或者干出其他更糟糕的事情。同样的原因，我建议你走小巷的中间，因为那里没有修好的路，可能也没有路灯。如果有必要，你甚至可以穿过马路以避开你怀疑的人。如果他尾随你，至少他的意图已经暴露。虽然我老是重复我的观点，但我必须强调攻击者的袭击依赖于出其不意，如果你成功地打断了他的出其不意，那么你的反击已经成功了一半。最重要的是提前观察到攻击的到来，这会让你能够大喊、尖叫，或者专注于应对袭击者。尽可能制造更多的噪音，这会吓跑不法分子。

我希望我没有吓到你，让你觉得独自一人走在街上不安全。这当然不是我的本意，但是报纸上的报道说明受到袭击的人正在增加。

自卫的基础

自卫只有一个基本原则：你必须将最有效的武器尽快作用到敌人最弱的部位。虽然我说了只有一个基本原则，但最好还是把它分成几部分以便仔细研究：

1. 什么是最有效的武器
2. 速度
3. 攻击或反击的部位

武　器

如果可以选择，我总是选择腿。腿比胳膊长，可以承受更重的打击，而且威力更大。因此，如果有人靠近你，并且你们同时做出反应，你的腿会比他的拳头更快。

速　度

被攻击时没有时间考虑应当使用何种防御方法或武器。显然，如果你没有先踢腿，那他的拳头会先落到你身上，你的防御就无用了。只有训练才能有效果（我可以帮你）。如果你认为几分钟的训练不值得，而且你认为受到袭击的概率很小，那你就是鼓励暴徒的人之一。一旦出现紧急情况，没有人帮得到你。

攻击部位

如果你被人袭击，你的对手最脆弱的部位是腹股沟、眼睛、腹部和膝盖。

进攻与防御心理学

体型永远不能代表肌肉力量与攻击力。身材矮小的人通常可以通过灵敏度、柔韧性、出腿速度和爆发力来弥补自己在力量上的差距。

在与他人交手时，心中应牢记这一点：无论他何种体型，都应努力让他失去平衡。因此，你要比对手更快，绝对不要在意他的体型、狰狞的面部表情或者恶毒的语言。你的目的是攻击对手最脆弱的部位，主要是利用重力，让他失去平衡，利用杠杆原理，让他的身体和四肢将自己击败。"体型越大，摔倒越狠。"

与人徒手搏斗时，你必须学会使用你的头、膝盖、脚和手。"缠斗"给了你这样的机会，让你使用身体的这些部位，尤其是肘。当你与对手缠斗在一起时，另一个简单的方法是踩他的脚，往往会起到出人意料的作用。被暴徒攻击时，你应当牢记一点：

他只有一个想法，他只考虑一个方面，那就是毁灭你，很少会考虑到你能够做什么，在这种情况下，你占据了心理优势。有了自信，能够自强不息，你就更有可能脱困。

如何选择武术导师

我真心建议所有想要学习武术的读者：不要完全相信你见到的，完全不要相信你听到的。

在你上任何导师的课之前，先了解清楚他的教学方法，并且礼貌地请求他展示一些招式。然后靠自己的感觉去判断，如果他说服了你，那就义无反顾地去求学。

如何判断一位导师是否优秀？准确地说，这个问题应当是如何判断一种方法或体系是否优秀？毕竟你无法得知导师的速度或力量，但可以看到他的招式。因此需要考虑的是系统的可靠性，而不是导师。导师仅仅是引路人，引导弟子认识到，他是唯一一个正确地领悟并且表达这个系统的人。

这个系统不应当是机械的，也不应该是复杂的，而是简单的、没有"魔力"的。招式（最后都归于无招）是当一个人修炼到了火候，用于提醒他的。这些招式没有魔力，也没有什么特别的，它们仅仅是深刻的常识的简单表达。

但是，不要被某些导师的劈砖掌、胸口碎大石、铁臂、草上飞以及其他类似的东西迷惑。记住，你无法学会他的能力，但是你可以学会他的招式。任何时候，劈砖断石或轻功都是中国功夫的噱头。最重要的是那些招式。

劈砖和打人是两件截然不同的事：无论如何劈砖，砖都不会反击，但是人会转身、摔倒等，这都会化解攻击的力道。如果一个人不能学会所谓的"必杀技"那有什么用呢？最重要的是，砖或者石头不会闪避或者反击。因此，需要考虑到的是整体，就像之前提到的那样，一个系统不应当是死板、复杂、花哨的，而应当是简单的。

如果"大师"不愿向你展示他的技术呢？如果他"很谦逊"并且不愿意泄露丝毫他的"绝技"呢？有一点我希望读者能够认识到：东方人的谦逊和守口如瓶确有其事，一些德艺双馨的大师不会夸耀，有时也不会向任何人传授功夫，但事实是他们也是人，他们在一种武术上花费了十年、二十年、三十年的时间并不是为了绝口不提。即使是写出了"知者不言，言者不知"的老子，也写了五千言的《道德经》来解释自己的主张。

为了故作高深，那些高贵的"大师""教授"和专家们总是很少说话（在美国尤其如此）。他们一定掌握了东方人谦逊与保密的最高奥义，因为看起来睿智比听起来睿智要容易得多（要想行为举止显得明智，当然会更困难）。他们越想要故作高深，嘴巴就会越紧。因为一旦他讲话（或者行动），人们会立刻识破他。

未知总是美好的，那些"十五届红带持有者""超先进学校的专家""荣誉教授"们，知道如何在他们的周围蒙上一层名为"保密"的神秘面纱。中国有一句古话适用于这些人："沉默是无知者的遮羞布和保护伞。"

刚柔并济

我经常听到不同流派的师傅声称自己这一派的"柔术"完全不需要力量（力量对于他们来说是邪恶的词汇），只需要用手指轻轻一拨，就可以让重达306.5磅（139.03千克）的对手飞出去。

我们必须承认一个事实，在搏斗中，力量是不可或缺的。任何人都不会埋头盲目攻击（即使是足球的铲球手也不会这么做）。还有一些人声称凭借他们强大的武术体系，可以突破任何防守。我们必须清楚人是可以移动和变化的，正如竹子在大风中前后晃动以消解风的劲力。

所以无论是刚还是柔，都不能占整体的一半以上，刚柔并济，才形成了真正的功夫。刚和柔是运动中相互作用、不可分割的力量。它们本质上是一个整体，也是不可分割的、整体的、共存的力量。

正如一个人若是想骑自行车去某个地方，他就不能不踩踏板或同时踩两个踏板。他必须踩一个松开另一个才能让自行车前进。因此，自行车的前进需要的是一松一弛相统一。收紧是松弛的结果，反之亦然，它们互为因果，运动才会随之真正地流动起来，运动的流动性正在于其相互转换。

习武之人应当同样重视刚与柔，而非侧重其中一方。无论是忽视"刚"或是忽视"柔"，都会导致分崩离析，最终走向失败。

刚柔并非孤立的，而是相互补充、相互对比的，并且在相互融合的过程中才能形成一个整体。记住这一点：只有你不那么偏爱某一方，你才能看到它们真正的优劣。刚柔相互对立不可取，相互融合、成为整体才是正确的路。

功夫之我见

一些武术流派的师傅喜欢复杂且花哨的招式。还有一些人痴迷于超于常人的力量（例如美国队长和超人）。还有一些人喜欢畸形的手或腿，他们将时间全都花费在与砖块、石头、木板的对抗上。

对于我来说，功夫的非凡之处在于它的简单。它只是用最小的动作，最低的消耗直接表达一个人的感受。每一个动作都是自然的，没有任何的刻意为之，使动作复杂化。越接近真正的功夫，出手时多余的动作就越少。

许多武术体系并非直接面向格斗，而是添加许多"乱七八糟的想法"，扭曲并束缚了学习它们的人，使得他们偏离了简单、直接、非经典格斗的现实。这些武术体系没有直指格斗的核心，而是通过花哨造作的招式进行"模拟实战"的仪式性练习。因此这些学武的人不是在格斗中学习武术，而是在想象中做一些关于格斗的事。更糟糕的是，那些只存在于脑海中的强大力量与我们的精神世界不知不觉地融合在一起，导致习武之人在抽象和神秘之路上越走越远，直至他们学习的武术越来越像现代舞蹈，而不是与人交手时用的武术。

所有这些乱七八糟的东西实际上都是没用的，它们试图捕捉和修正战斗中每一个变化的瞬间，并且像解剖尸体一样解析它们。真实的战斗并非一成不变而是非常灵活的。这种练习方式只会"固化"和"习惯"原本是流动、鲜活的武术。当你摆脱了诸如复杂性一类的东西，并且可以现实地看待武术，就会发现那些只会机械性训练的习武之人，他们正在盲目地投入毫无意义的"常规"或"特技"训练之中，他们终将失败。

第二章

功夫、哲学、人

李小龙和他的家人

为什么我选择哲学

完成《唐山大兄》的拍摄之后，我和嘉禾电影公司的全体工作人员一起从泰国返回，许多人都在问我这样一个问题：是什么原因促使我放弃了在美国的大好前途，转而回到香港拍摄中国电影？

当时的人普遍认为中国电影业发展极其不完善，拍摄中国电影简直是种折磨。对于这一问题我只想说，因为我是一个中国人，我必须承担作为一个中国人的责任。事实上，我是一名出生于美国的中国人，这可能是个意外，也可能是我父亲的安排。当时居住在美国的中国人大部分来自广东省，他们都十分怀念家乡：每一件与故土有关的事物都会勾起他们的乡愁。

在这种环境下，中国戏曲以其鲜明的中国特色赢得了一片天。我父亲是著名的戏剧表演艺术家，很受人们的追捧，因此他经常在美国演出。而我就诞生于他带着我母亲去演出的途中。

但是我父亲不想让我在美国上学，所以当我到了该入学的时候，他将我送回了香港——他的第二故乡——和他的亲戚一起生活。可能是遗传或环境的原因，在香港学习期间，我对电影拍摄产生了极大的兴趣。当时我父亲与许多电影明星和导演相熟，包括已故演员钱展。他们把我带到摄影棚，让我扮演一些角色。一开始我只是个小演员，后来逐渐成了大明星。

那是我一生中至关重要的一段经历。因为那是我第一次接触真正的中国文化，与它融为一体的感觉十分强烈，我被迷住了。然而我当时并没有意识到这一点，我也没有意识到环境对于塑造一个人性格和个性的影响是巨大的。尽管如此，"做一个中国人"的观念已经烙在我脑海里。

从小到大，我一直是个惹事精，也因此不受长辈待见。由于脾气暴躁、好勇斗狠，不仅同龄人对我避之不及，甚至成年人有时也对我退避三舍。我从不清楚为何我会如此好斗。但无论何时，只要遇到我不喜欢的人，第一个想法就是："挑战他！"用什么挑战呢？唯一能想到的就是我的拳头。当时我认为胜利就是击倒他人，并没有意识到用武力取得的胜利并非真正的胜利。进入华盛顿大学，因哲学而开悟后，我开始为之前不成熟的想法而感到懊悔。

我选择主修哲学与我童年的好斗密切相关。我经常问自己这些问题：

● 胜利意味着什么？

● 为什么人们如此重视胜利？

● 何为"荣耀"？

● 什么样的"胜利"是"光荣的"？

我的导师帮我选择课程时，建议我选择哲学，因为他察觉到我强烈的求知欲，说"哲学会告诉你人为何而活"。当我告诉亲戚朋友我选择了哲学时，他们都很吃惊。每个人都认为我最好选择体育，因为我从小到大唯一感兴趣的课外活动就是中国武术，然而武术和哲学似乎截然相反。我认为中国武术的理论支撑越来越薄弱。

每一个动作必然有其原因，而且应当有一套成熟且完整的理论体系支持中国武术的整体概念。抱着将哲学思想融入武术中的想法，我坚持主修哲学。

我从未中断武术的修行。当我追溯中国武术的起源时，脑海中经常有这样的疑问：现今每一种流派的功夫都有自己的形式，有自己既定的风格，这些是创始者的初衷吗？我并不这么认为。形式可能阻碍着进步，这句话适用于一切事物，包括哲学。它将我的截拳道带入一个新的武术领域，而截拳道又将我的演艺生涯带到了新的境界。

关于人的理解力

人的理解力，分为简单印象和简单想法。前者意味着更强烈、更生动的画面，而后者是基于前者产生的一种想法。

换句话说，简单想法是简单印象的复制品。比如我看到一些令人兴奋的事，并且其中某部分打动了我，因为这一印象，之后我可以形成一种想法。因此简单想法是简单印象的直接复刻，不能分而视之，而应当看成一个整体。

虽然复杂想法是复杂印象的衍生品，但在一些特殊情况下除外。例如，我可以想象一个我从未去过的地方。或者一个色盲的人，他可能会基于自己对其他颜色的印象，而对这种蓝色产生自己的想法。

顺便一提，"复杂想法"指的是由简单想法组成的东西。例如，苹果的颜色、气味、大小等。"简单想法"组成了对苹果的"复杂想法"。

生活：事物的统一性

许多哲学家都是说一套做一套，他们信奉的哲学和赖以生存的哲学大相径庭。这使得哲学变成了一个人外在的身份而不是他真正践行的真理。

哲学不是"活的"，而是一种追寻理论知识的活动，大多数哲学家都不会恪守自己的哲学，而只是简单地将它们理论化，然后进行思考。而思考意味着将自己置身其外，保持着与被思考事物之间的距离。

在生活中，我们自然而然地接受我们看到和感觉到的全部事实，这毫无疑问。然而哲学不会全盘接受人们在生活中所相信的一切事物，而是将现实转化为问题。例如"我看到的这把椅子真的在我面前吗？""它能自己存在吗？"因此哲学绝不是顺应生活，使其变得简单，而是用层出不穷的问题来动摇生活的稳定性。这就像是问一个正常人他是怎样呼吸的！当他有意识地描述这一过程时，会立刻喘不过气。为何要打断生命的流动？为何要多此一举？他只是简单地呼吸而已。

西方人主要通过理论分析现实，而理论起始于否定现实——谈论现实，绕开现实，重点关注所有吸引我们感官和思维的东西，并且将它们从现实世界中剥离。因此，哲学起始于宣称外部世界不是真实的，其存在性值得怀疑，每一个肯定外部世界的命题都并非不证自明的，而需要切割、解剖、分析。这是有意识地站在现实生活之外并且尝试自圆其说。

法国伟大的哲学家和数学家勒内·笛卡尔提出了上述问题。既然万物的存在都是不确定的（包括我的存在），那么宇宙中还有什么是确认无疑的呢？当一个人怀疑这个世界甚至整个宇宙时，我们生活中还剩下什么？让我们在这个世界之外"站"一会儿，跟随笛卡尔一起看看生活中还剩下什么。

根据笛卡尔的观点，怀疑本身是存在的，因为总有一些东西值得怀疑，而我也认为它是存在的。依我之见，整个宇宙都是可疑的，除了我觉得它是可疑的这个事实。怀疑就是思考本身，而思考是宇宙中唯一不可否认的存在，因为否认也是思考。当一个人认为思考存在时，言下之意为一个人存在，因为没有任何一种思考不是以人为主体进行的。

在中国的道和禅宗中，世界被视为一个不可分割、相互关联的整体，没有任何事物可以独立于其他事物之外。正如没有暗淡的星星就显不出明亮的星星，没有周围的黑暗就根本看不到星星。对立面是相互依存而非相互排斥的，因此人与自然之间也不存在任何冲突。

因此，如果思考存在，正在思考世界的我和正在被我思考的世界也应当存在，三者之间相互依存，不可能独立存在。因此，世界和我都是积极相关的：我看到了世界，世界正是我看到的世界；我因世界而存在，世界为我而存在。如果没有所见所思所想的实体，我就不会看到它们、思考它们、想象它们，我也就不存在。一个基本事实——主体及其世界是共存的，二者缺一不可，不能单独存在。除非考虑周围的物体和环境，否则我对我自己没有任何了解。我思考事物，因此，我发现了自己。

仅仅谈论意识的对象是没有意义的，无论它是感觉还是蜡烛。物体必须有主体，主体和客体是一对互补词（而不是反义词），与其他所有互补词一样，它们是一个整体的两半，与另一半互为因果。当我们站在中心时，从运动的圆的中心看，对立的两面是相同的。我不是经历某事，我本身就是经历；我不是某些经历的主体，我就是经历的结果；我就是意识。除了我之外，没有什么东西可以成为我；除了我之外，什么都不存在。

我们不会因为天气热而出汗就说出汗就是热。换而言之，太阳之所以明亮是因为太阳本身。这种奇特的中国观点并不常见，因为我们通常默认为温度升高才会导致身体出汗。这一观点惊世骇俗，就像不说"面包和奶酪"而说"奶酪和面包"。这一令人震惊的、似乎不符合逻辑的、与常识相左的观点可以由下文"水中月"的说明来阐明。

水中月

水中月的意象可以用来比拟人生的体验。水是主体，月亮是客体。没有水，自然就没有水中月，反之亦然。但是当月亮升起时，水并没有等待着接收月亮的倒影；即使是再小的一滴水，月亮也没有等待着向其投射自身的倒影。因为月亮并没有打算投射倒影，水也没有特意要接收月亮的倒影，因此，水中月是由水与月同时造成的，水反射出月亮的清辉，月亮映射出水的清澈。

一切事物都存在真实的关系，主体创造客体、客体创造主体的相互关系。因此，知者不再感觉自己与其所知相分离，体验者也不再觉得自己与其体验脱节。因此，从生活中，从经验中获得某些东西的想法变得极其荒谬。换而言之，它变得十分清晰，除了我和我所意识到的事物融为一体外，没有其他的自我。

唐朝的道林禅师曾说："平平无奇，吃喝拉撒睡。愚人笑我，智者知我。"一个人并非在过着概念化、科学化的生活；生活的本质就在于生活本身。当你觉得享受时，不要停下来观察自己是否完全沉浸在其中，也不要对当下快乐的感觉不满，你想要让自己开心，那就不要错过任何事。

当我们活着的时候，生命便是存在的——生命之河畅通无阻，因此活着的人不会意识到自己在活着。生命就是存在本身。毫无疑问，在生命长河中，它就是存在的。因为生命就是活在当下！刻意地分割那些不可分割的事物会导致事物变得不完整，因为完整的事物一旦被割开就不再完整。一辆汽车被拆得七零八落，它就不再是一辆汽车，不再具有汽车的功能。因此想要全心全意地生活，答案就是，简简单单地活着。

对立统一

刚强（阳）与柔弱（阴）是功夫中相互依存、相互补充的两部分。只是因为人们将刚强视为与柔弱完全不同的性质，才衍生出了"相反"的概念。事物一旦被划分，就会产生其对立面。

表面看来，柔弱与刚强似乎是对立的，但实际上它们是相互依存的，是一个整体互补的两部分。其意义都是从对立面取得的，并且只有共存才能完整。这种"一体性"是中国人思想的特征。在汉语中，事物都被看作是一个整体，因为其含义是相互衍生的。例如，汉字"好"和"坏"，组合在一起时表示某物的"质量"（好、坏）。无独有偶，汉字"长"和"短"组合在一起时表示事物的"长度"；"买"和"卖"组合在一起形成了新词"买卖"。

这些事例告诉我们：每件事物都由互补的部分组成一个整

体。当我们不过分偏袒任何一方时，就可以看到柔弱与刚强的"统一性"。不仅每件事物都有互补的部分，即使在互补的部分中，也包含另一个组成部分的特征。换言之，刚中有柔，柔中带刚。无论是柔弱还是刚强，都不应当单独存在。因为单独存在会导致极端，而走极端绝不是最优解。

道家思想

　　道家思想是一种集一元论、逆转、两极（阴阳）和永恒循环于一体的哲学，是所有差异的均衡，是所有标准的相对性，是回归原始的哲学，还是至高智慧、万物之源。

　　因此道家哲学自然而然地摆脱了口舌之争与利益之斗。圣山上基督教布道时教导人们谦逊温顺在这一哲学中寻到了理性依据，从此之后人们变得温和。道家思想正是强调顺从及温和的重要性。

　　《道德经》的基本思想是无为（不采取行动）状态下的自然主义，意味着不采取非自然的行动。即为自发性，"主张万物都处于其自然状态下"，并允许它们"自发转变"。如此一来，道就达到"无为而无不为"的境界。在日常生活中，道表现为"生而不有"及"为而不恃"。因此，自然方式是对人为方式（规则，仪式等）的补充。这正是道家之人不拘于礼法的原因。

　　水的流动诠释了何为顺其自然。女性与婴儿代表了柔。尽管人们赞美柔弱，但最困难的不是柔弱，而是"简单"。简单的生活是一种朴素的生活：绝圣弃智，绝仁弃义，绝巧弃利。这种生活完美但并不完整，充实但却空空如也，正如明亮但不刺眼的光。简而言之，这是一种和谐、统一、满足、宁静、长久、开悟、平静、长寿的生活。

阴 阳

和谐是宇宙秩序的根本法则。作为宇宙中的力量，阴阳永远互补，永不停歇。欧洲的二元论将实体和形而上学视为两个独立存在的个体，充其量也就是把他们视为因果关系，但它们从未像声音和回声或光和影那样成对出现。正如中国对于万事万物的分类：阴阳。

二元论在欧洲至高无上，指导着西方科学的发展。但随着原子物理学的兴起，许多实验结果证明二元论明显是错误的，自此思想潮流又回到了古代道家的一元论。

在原子物理学中，物质与能量没有区别，也不可能将二者分开来，因为它们本质上是一个事物，或者说至少是一个事物的两极。不可能再像机械科学时代的爱因斯坦、普朗克、怀特海德、琼斯那样，对事物的重量、长度、时间下绝对定义。

道家的思想在针灸的起源和发展中可以窥见，在这种背景下其本质是一元论。中国传统思想认为宇宙由两种要素驱动，阴和阳，正和负，并且除了这两种力量不断地相互作用之外，任何事物都是不存在的，无论其是否有生命。物质与能量，阳与阴，天与地本质上都是一体，或是不可分割的整体的两极。

功夫作为最古老的自卫形式，浓缩着古人的智慧以及深刻认识，其全面性及思想深度从未被超越。功夫是指刻苦训练以发现实现目标的正确方法——无论目标是追求健康、修身养性还是学会自卫。

学习功夫是为了身体健康、修身养性，也可以保护自己。其哲学部分是基于道、禅宗、易经的基本思想——在逆境中生存的理念，适当让步，超量恢复，和谐地融进对手的动作，不做任何的挣扎与抵抗。功夫可以说是中国人对探索大自然奥秘的尝试。

和谐镇静让中国功夫与众不同。习武之人拒绝任何形式的妄自尊大与争强好胜，他们致力于忘我的境界——不仅忘记对手，也忘记自我。

顺应对手不意味着完全不需要力量，如果说柔能助刚，那么力量对于柔也是不可或缺的。如果防守一方主动出击，他就会偏离本性，迷失方向。但如果他跟随对方出手而动，反而可以立于不败之地。因为防守者应敌动而动。地球孕育所有生物，而根据造物主的意愿，每一种生物都各有千秋。

放 下

"放下"并不罕见，只需要我们有一种开放、自由的心境——不受任何思想、概念及其他东西的束缚。练武的时候，我们可以不停地演练、分析，听师父讲解直到筋疲力尽，但这一切不会有丝毫的用处——只有我们停止思考、放下执念，才能开始真正地看见、察觉。

当我们头脑冷静下来时，狂热中会出现一丝清明，那时我们就已经放下，只有在两种念头之间，才会闪烁出领悟的火花——是领悟，而不是想法。

西方哲学

哲学的进程是为了获得几乎关于任何事物的确切定义，而某些哲学家，例如柏拉图，致力于伦理与道德领域。具体而言，是涉及"好"与"坏"的问题，即什么构成了一个人应当努力追求的"理想生活"。柏拉图基于苏格拉底的特点提出一种特殊的方法来表达他对某一特定主题的观点。其论证方法包括三个阶段：

1. 提出确定无疑的前提

2. 通过推理，引导对手得出结论

3. 说出自己的结论

分解所谓的苏格拉底论证法也需要三个步骤：

1. 怀疑前提是否正确

2. 基于原始前提的其他前提是否符合逻辑

3. 结论错误

柏拉图

希腊哲学家柏拉图认为教育是一切事物的重中之重。他认为只要人们知道公正为何物就会行为公正；而那些行为不公的人，仅仅是因为他们不知道何为公正。

柏拉图认为，每个人最终都想要成为善良的人，所有的行为都会导致好的结果。因此他认为道德教育是可行的。

柏拉图的《高尔吉亚》

作品类型：修辞哲学、伦理学

提出的概念及主要观点：苏格拉底和高尔吉亚讨论修辞的使用问题，讨论从苏格拉底将修辞描述为"说服的艺术"开始。他认为如果修辞学家不知道自己主张的为何物，就会误人子弟。此外，如果他谈论正义，他必须了解正义，如果他了解正义，他必然就是正义的。因此他不能容忍不公正的人在不了解正义的前提下谈论正义。

苏格拉底认为，每个人都渴望为了某种善而行动，如果一个人不知善为何物，他就不能从心所欲。即使他做错了事，也不知道自己错在何处。惩罚是为了让人改过自新，因此人应当接受惩罚，而不是逃避它。

苏格拉底认为修辞艺术应被用于让人们意识到何为不公，并且改善不公。卡利克勒认为自然正义是强者的法则，智者为自己寻找快乐。但苏格拉底认为智者就是强者，快乐痛苦与善恶并不相同。

苏格拉底

苏格拉底引导卡利克勒认同自己的观点，即善与恶是相对的，两者不能同时存在。而快乐与痛苦则不然，比如一个人十分口渴，这是痛苦，他需要喝水，这是快乐。

在他喝水的那一刻（在他口渴时），他经历了快乐与痛苦。这一事例表明快乐痛苦与善恶不能相提并论，因为善恶不能共存。但是无论善恶，人都可以感受到不同程度的快乐和痛苦。

善与恶，快乐与痛苦都因对方的存在而存在。它们并非相对，而是互补，互为对方的映射。如果我没有感受到痛苦，又如何能辨别快乐？反之亦然。

抬头看天时，我可以分辨出一个较小的星星，因为有较大的星星的存在，但如果没有漆黑的夜空，我根本就看不到星星。在善与恶之间挣扎并不重要，重要的是淡然处之。

人的本质

衡量一个人道德价值的尺度是他是否快乐。越道德的人越快乐。快乐是幸福的同义词。一个人的道德价值也会影响他的工作。按照道德约束去行事，他就会很快乐。

- 哪种行为（公正行为、伦理行为、道德行为）是正确的？
- 人类是维持自身（吃、睡）且繁殖后代（性）的存在。
- 人类是感情的集合体。
- 人类是有创造力的存在。

事实上，正是人类的创造力使得其在所有动物中脱颖而出。正确的行为由理性与创造力决定。

道德行为

1. 认为道德行为具有绝对性的人认为，人的行为可以用一成不变的方式来描述。

2. 他们认为以某种特定的方式来描述人的行为任何时候都适用。

3. 认为道德准则是相对的人可能也认为道德行为是对时间、地理气候、社会和经济需求、宗教信仰等事物的映射。

4. 他们可能也认为行为表达之所以正确可能是因其代表了公共利益等事物。

5. 认为道德准则是绝对的人可能认为正确的行为是一成不变的。

主观评价与客观评价

1. 如果判断针对客观事物，那判断就是客观的；主观判断是一个人对于事物的自己的看法。

2. 客观评价是事实，主观评价是意见。

3. 一件事你认为它是正确的和你可以证明、解释、推断出它是正确的天差地别。

4. 如果概念所表示的特质正是实际行为的特质（目标中固有的），那么概念就是客观的。

每个人都有能力获得快乐，但是如何维持快乐，以及如何采取行动获得快乐，还是个问题。

李小龙和儿子李国豪

勒内 · 笛卡尔

法国数学家、哲学家笛卡尔以其认识论而为世人所知。认识论被称为"知识的哲学",其涵盖的问题包括我们知道些什么以及我们是如何知道的。其目的是反对怀疑论者——他们认为人们不能确定地知道任何事。笛卡尔认为怀疑论是由两个问题引起的:

1. 你是如何得知的?

2. 是什么让你确信你真的了解?(或者说你确信的理由为什么站得住脚?)

怀疑论者无法被说服。他们认为事情必须绝对合理以及可以证实才可以被接受。如果你可以怀疑某件事,那这件事就是不可靠的。

梦境——一种虚假的表象

幻觉——一种错误且普遍的感官或心理表象

我们有可能误解了世界的表象。

笛卡尔的"沉思录"

作者：勒内·笛卡尔

著作类型：认识论

1. 提出了身心绝对无关联的观点。

2. 身体服从机械因果律。

3. 心灵不服从机械因果律，它独立存在。

4. 笛卡尔想要区分身体与心灵，以此表明天主教信仰的教义与自然科学的进步和发现是一致的。

5. 《沉思录》是笛卡尔最重要的哲学著作，包含了他形而上学的主要思想。

《第一哲学沉思集》（大纲）

在第一次沉思中，笛卡尔提出了他的怀疑主义的起因：

1. 怀疑有用，因为它使我们摆脱偏见。

2. 怀疑证明大脑不受感官束缚。

3. 怀疑使我们确信过去证明的事物是正确的。

关于可能被怀疑的东西

1. 笛卡尔想要摆脱所有原有观点，即使有些并非一无是处或还未被证伪。

2. 他认为真实的一切事物都是基于感官感知，只能通过感官学习。

3. 尽管感官经常被欺骗，笛卡尔依然认为一个人通过感官获得的知识很多是可以合理地确定的（比如他正坐在那里写他的《沉思录》这一事实）。

4. 只有我们在梦见事物的时候才相信它们是真的。

5. 我们可以确定此刻不是幻觉（梦境）吗？

6. 笛卡尔认为上帝是完美的，他不会允许我们被欺骗。

7. 然而有时我们还是会被欺骗。

8. 为什么不允许我们总是被欺骗的上帝有时也会欺骗我们呢？

9. 笛卡尔引入了一个恶毒的恶魔概念，它被认为在尽可能地误导人们。（注：在第四次冥想中可以找到更严肃的答案，笛卡尔认为正是人滥用自由意志导致自己犯错；

他傲慢地做出判断，从而导致自己犯错，因为这些判断
没有充分证据可以证明成立。对于错误，乃至不道德，
上帝对此并无责任。根据第一条建议，罪魁祸首是魔
鬼，而这只发生在人类身上。只有完全接受笛卡尔的
哲学标准，真正接受真实的东西，我们才能避免犯错）

10.第一次沉思结束时，笛卡尔仍然处在暂停思考的状态中。

据笛卡尔的观点可得：

1．心灵与肉体分离。

2．心灵可以离开肉体（二元论）。

3．他不能怀疑自己的存在。他必须在那里（即存在）怀
疑自己是在梦中还是为恶魔所欺骗（至少他认为他在
那里）。

4．因此，他得出结论：一个人的存在是毋庸置疑的（"我
思，故我在"）。

第三次沉思（上帝存在的证明）

两种论证形式：

1．首先，笛卡尔直接询问完美存在的理念如何出现在自己
的脑海：来自其他生物？或是他自己？必须有一个完美
存在来产生这一理念吗？对于现代读者来说，他的答案
被中世纪晚期的哲学体系埋没。笛卡尔认为，上帝的理

念比其他所有的理念（包括我自己的理念）都包含更多的"客观现实"。但是不完美的人不可能提出完美的理念，因此笛卡尔得出结论，他脑海中关于上帝的理念一定来自上帝。

2. 第二种形式的论证来自人自身存在的偶然性。人生由许多转瞬即逝的瞬间组成，没有一个人可以长生不死或创造出与自己一样的继承者。论证的许多观点让人想起了传统的亚里士多德的证明；但有一点不同，这表明新论证只是第一个论证的另一个版本——必须要解释的不仅仅是偶然的存在或思考的存在，还包括"会思考并且了解上帝的存在"。因此，这一原则证明不如上帝完美的人，不可能创造出笛卡尔或其他任何人。

笛卡尔的观点

笛卡尔认为人类有些理念是天生的，有些是外来的，还有一些两者兼而有之。他决定思考那些来自外部的理念，并且找出是什么原因让他认为自己的理念与事物本身相似。

他相信外部世界并非来自自身的想象，因为当火焰烫到他时，火热的感觉会不自主地作用在他身上，无论他喜欢与否。大自然也是如此，但是大自然会将人引入歧途，因为在善恶之间做选择，大多数人会选择恶。或许我们只能想象外部事物的存在，即使它们已经在脑海中产生对应的想法。而即使这些理念的确来自外部事物，但这依然不能证明他产生的理念在本质上与任何事物类似。相反的是，人们都知道太阳只有一个。笛卡尔总结道"这不是由于某种判断得出的结论。"

笛卡尔的"我思"

"我思，故我在"是笛卡尔的名言，原文为法语，翻译成英语为"I think, therefore I am"，这只有一种解释："我思考，因此我是一名思考者。"从"我思"中推导出的"我在"，仅仅是一种认知。

这是知识，不是生命。主要的现实不是我在思考什么，而是我活着，因为那些不思考的人也活着，尽管他们并不算真正地活着。上帝！已婚的生活与追求理性之间是多么矛盾啊！

事实是"我思，故我在"——"我思考，因此我是一名思考者"，尽管不是所有的事都能思考。有意识的思考不是比有意识的存在更高级吗？没有自我意识，没有个人人格，这样单纯的思考可能吗？这个世界上存在不带感情色彩、没有人赋予物体各种性质的纯粹的知识吗？难道我们感觉不到自己在思考、不能感受到认知的过程吗？

笛卡尔方法论的缺陷在于他首先要清空自己——不再是笛卡尔，一个真正的人、有血有肉的人、不想死亡的人，以便成为一个纯粹的思考者，即一个抽象的人。但真正的人最终回来了，投入了他自己的哲学的怀抱。

我想要任何颜色

"把油漆从罐子里拿出来，你可以把房间漆成任何你想要的颜色。"我第一次听到这句话时，正在和一位中国的朋友交谈，我提到了托马斯·阿奎那，他说出了这句话。

我知道这句话不是他说的，但是见解肯定是他自己的：如果一个人愿意接受任意哲学体系中的初始前提，那么那之后的结论也必须接受。

对于阿奎那在《神学大全》中第三篇关于上帝存在的文章也是如此。

五个证明

● 一件事物不可能在同一方面、同一方向上既是推动者，又是被推动者。那就意味着它应该推动自己……因此必然有一个不受其他事物推动的第一推动者，这个第一推动者即为上帝。

● 必然有第一个推动因，大家将其称为上帝。

● 事物存在的必然性不一定来源于自身，有可能是一种
特殊事物使它有了必然性，并且这个特殊事物还使
其他事物得到必然性。这种事物就是人们说的上帝。

● （递减，从多到少）必然存在某种事物是其他事物的起因。
我们称之为上帝。

● （没有智慧就没有机遇和目的）"存在某些智者，一切自
然事物都以他们为导向到达终点，我们称这些智者为
上帝。"

以上关于上帝存在的论证即为首要前提，或所谓的"证
据"。如果有人移除阿奎那关于运动的第一个前提，他就会陷入
第二个前提，以此类推。

令人不安的是，这些前提不容你辩驳，无论它有没有用，
你只能选择接受或者拒绝（尽管我在香港的早期教育是由罗马
天主教牧师指导的，那时候我接受了那些令人不安的前提）。

经历痛苦并不一定意味着一个人理解并接受它，也不一定
要去否认它的存在，毕竟它真实存在。每个人对于痛苦的理解
是不相同的，会得出不一样的结论。所有人必须要做的只有治
愈痛苦。

然而当我说痛苦"在"的时候，意味着我正在经历一些事
情，但是这些事情很难与除了我之外的人联系起来。我认为这

不是一个语义上的困难，因为在语义上的困难不存在。我们对于特定的理念、概念或单词的反应几乎相同，那是否意味着这些理念、概念或单词在我们的母语中也存在对应的术语？

然而，当一个西方人思考时，他可以区分中国人区分不开的事物——事实上，中国人甚至不会将"区分作为思维的一部分"。中国人认为所有事物本质上都是一个整体，或者一个不可分割整体的两个共存的部分。事物的意义（无论发生什么事）都由彼此派生而来，组合起来才是整体。因此他们并非相互排斥，而是互相依存，是彼此的映射。

事物不是相互对立的，而是互补共存。它们之间不是因果关系，而像是声音与回声，或光与影。自行车骑手想要前进，需要一种不可分割的力，即不断地踩踏与放松。

当阿奎那为他的观点辩护时，他预设了存在或存在物，因为谈论"运动"就意味着事物存在。也就是说，是某些"事物"在运动。在阿奎那第三篇文章中，他要求我接受他的"油漆罐"，即上帝的绝对存在。

我偏向于将阿奎那的教义看作是信仰的行动，而不是理性行动。当理智山穷水尽之时，我不能也不会嘲笑信仰。中国人认识到至高的真理是无法言喻的，它不需要费力证明，或作出假设，或与自我分离。中国人停止了所有追寻，也不再进行任何旨在自我满足或精神收获的思想活动。他们只是简简单单的人。

第三章

功夫与修心

李小龙在电影《雷雨》中饰演周冲

格式塔治疗的笔记

健康是一种均衡，一种我们所"定义"的各个部位的相互协调（"定义"意为我们就是意识本身，而并非拥有意识）。

机体是作为一个整体工作的。"我们"不是部分的简单叠加，而是由不同部位完美协作构成——我们并非拥有肝脏或心脏。我们就是肝脏、心脏和大脑等。

为了加速生长、挖掘人的潜力：

    a. 体验社会角色扮演

    b. 填补人格中的漏洞，使其完整

渴望是我们身体中自带的兴奋因子，如果我们不确定我们要扮演的角色，兴奋因了就会变得停滞压抑，会导致心跳加速，所有的兴奋因子都不能注入活动中，我们就会怯场，焦虑就会遍布全身。因此如果你活在当下，你应当是充满创意的；如果你活在当下，你就不会焦虑，因为那些兴奋因子会迅速注入持续的自发活动中。

生命的意义就在于它是鲜活的，不可替代、不能概念化，也不能束缚在一个固定模板中。我们知道生活的志趣并不是操纵和控制，而是成为真实的自我，有主见及有趣的灵魂，坚持自己的个性，释放自己。

> 我做我的，你做你的。
> 我并非为你而来，
> 正如你也并非为我而生。
> 你是你，我是我。
> 相逢自是美妙，
> 错过无须烦恼。

一旦你确定成为某个角色，你就会被束缚在固定的模板中。行为变得僵化，可预测，并且失去了利用已有资源来应对这个世界的能力。你早就被角色设定好如何用单一的方法应对难题。因此，当我说那些最富有、最高产、最有创造力的人是最没有个性的人时，似乎有些自相矛盾。但在现实生活中，我们要求一个人有个性，尤其是"优秀的"个性，因为那样他就可以被预测，可以被归类。

生物与其所处环境的关系

自我边界并非一成不变。因为如果它一成不变，就会成为性格或是盔甲，就像海龟壳一样。自我边界是自我与他人之间的区别。

1. 自我边界的两种现象分别为趋同和异化。

2. 自我边界之内通常是团结、爱、合作，而之外则是怀疑、冷淡、陌生。

3. 吸引和排斥的极端分别为渴望和厌恶。我们总是处在某个极端：在边界内我们有一种熟悉感，觉得都是对的；而在边界外我们则觉得陌生，认为一切都是错的。是非对错，取决于边界在哪，还取决于我站在哪一边。

4. 想要改变是因为对现状不满。每次你想要改变自己或想要改变环境，都是基于你的不满。

5. 憎恶是疏远、否认等行为的结果，它会将某人排除在自我边界之外。

　　如果我们不能接受自己的某些想法或情感，我们就会矢口否认。有许多方法可以保持自我边界的完好无损，但一定是有代价的。事实上我们仅仅将自身潜力挖掘了一小部分，因为我们不愿（或者说是某些环境，或者你想称它为环境的东西不愿意让你）接受自己，接受那个与生俱来的机体。

　　你不允许自己，或者说你不被允许完全做自己。所以你的自我边界一再收缩。你的力量、你的能量也日趋萎缩。你与世界相处的能力也越来越弱，应对方式也越来越固化，也被越来越多地要求按照自己的角色设定行事。

　　鲜活的生命由成千上万个交换进程组成，交换进程是指机体与外界其他媒介相互交换。因此必须经过一系列过程才能穿过边界，我们将其称之为接触。

　　我们与外界接触、交往，将边界拓展到问题所在的地方。如果我们过于僵硬无法动弹，那问题就会一直存在。

　　活着就会消耗能量，我们需要能量维持身体机能。能量转换的过程称为新陈代谢。身体与外部的能量交换以及身体内部的新陈代谢昼夜不息。

　　格式塔是一种生物功能（行走——口渴——行走）——一种情形结束，另一种未完成的情形紧接着开始，这意味着我们的生活基本上都是未完成的情形——不完整的格式塔。

三种哲学

1. 关于主义。我们无所不谈，但却一无所获。用科学的解释来说，总是谈天说地却从未触及问题的核心。

2. 应当主义。你应当这样做，你应当改变自己，你不应当那样做——成千上万的命令，却没有考虑到这些"应当"做的人能否做到。

3. 存在主义。存在主义想要摒弃概念，致力于意识原则以及现象学。当前存在主义哲学的困境在于他们需要外部支援。存在主义者宣称自己是非概念的，但是存在主义者们都是从其他地方借用概念。布伯来自犹太教，蒂利希来自新教，萨特来自社会主义，海德格尔来自语言学，宾斯旺格来自精神分析学。

格式塔疗法是第一个有自身学科特点的存在哲学。它在自身的框架内有足够的论据支撑，因为格式塔的形成，是因为人

们有这种需求，这是一种基本的生物学现象。格式塔疗法试图
与其他一切事物融为一体，医学、科学、宇宙中的其他事物。

　　机体是一个运转正常、处于平衡状态的系统。任何的不平
衡都是为了纠正不平衡本身。实际上，此刻在我们体内有着成
百上千种正在进行的生理进程。为什么我们的身体和大脑没有
陷入混乱，一切仍然井井有条？这是我观察到的另一个现象，
从生存的角度来看，最紧急的生理机制成了此刻身体的控制者、
指引者并接管了身体。

　　在任何情况下，最紧急的情况一旦出现，你都会意识到必
须优先解决这一紧急情况。例如，从火场中逃出时上气不接下
气，你会停下来呼吸然后再接着跑。

自我调节与外部干预

我们应当意识到最重要的是，凭借意识本身就可以治愈疾病。因为有了强大的意识，你就可以意识到生物体本身的自我调节；就可以在没有干扰的情况下让身体掌控自己，我们可以依赖机体自身的智慧。与此相对的是由自我掌控、外部干预控制的病理学，它干扰到了身体微妙的自我修复。

我们对自己的操控通常称之为"意识"，但它并不存在，只是一种幻想，是对本体的投射。"通往地狱的路是由善意铺成的"，任何理想主义式改变的想法都会适得其反，比如新年计划，竭尽全力想要与众不同，尝试掌控自己的命运等。

如果我们可以做到不偏听偏信，不完全相信网上或其他来源的信息，就可以辩证地看待事物，看清利弊。我们就会认识到没有阴影光就不会存在。如果说所有事物都是千篇一律，那你就不能看清任何事。正如如果世上只有光明，没有黑暗，那么你就不会知道光为何物。只有明暗交替你才能看到一切。

弱者与强者

如果我们幻想有两个小丑——一个强者，一个弱者，在舞台上表演自我折磨的把戏，我们通常会发现两个角色是这样的：

强　者

他们既正义又专制，知道得最多，有时会犯错但总是站在正义的一方。强者总是盛气凌人，总说"你应该"和"你不应该"，总是要求他人，用威胁操控他人，比如"如果你不按照我说的做，就会遭人唾弃，会死不瞑目，不会有好下场"等。

弱　者

弱者会用防守、道歉、哄骗、扮演爱哭包等花招操控他人，因为他们不像强者一样有力。如果说强者是超级老鼠，弱者就是米老鼠。他们总会说"我已经竭尽全力了""你看我屡败屡战，但却屡战屡败，如果最终失败了我也无能为力""我本意是好的。"所以说这些弱者是很狡猾的，他们通常比强者更占据优势，因为他们以一种更精妙的方式操控他人。而这两种人都在争夺控制权，就像父母与孩子也在争夺对方的控制权。每个人内心都存在着控制者与被控制者。这种内在的冲突 —— 弱者与强者之间的冲突，永远不会结束，因为他们都是为自己的生命而战。

这就是著名的自虐游戏的基本原理。我们想当然地认为强者总是正确，而在很多时候强者会提出不可能实现的完美主义式的要求。因此如果你中了完美主义的诅咒，你就会彻底沦陷。这种完美是一把标尺，它总是让你吓唬、斥责自己与他人。它是不切实际的，因此你永远无法实现。你只是爱上了那个完美的幻想，因此才引发了无止境的自我折磨、唠唠叨叨以及自我鞭笞。它隐匿在"自我提升"的假面之下，但却永远不会督促你提升自己。

如果一个人试图达到强者的完美主义式的要求，结局就是"精神崩溃"或陷入疯狂，而这是弱者的伎俩之一。一旦我们认清自己的行为处于弱者与强者的要求之间，并且清楚如何通过倾听来调和两种意见，就会意识到我们不能刻意改变自己或他人。

这是非常重要的一点：许多人穷尽一生都在活成他们"应

该"的样子，而不是"想要"的样子。自我实现和自我形象实现之间的差异非常大，大部分人只为自己的形象而活。

有些人有"自我"，但大部分人一无所有，因为他们忙于将自己变成这样或那样，这仍然是完美幻想的诅咒，即你不应当成为你自己。每一种外部的控制，甚至已经内化的外部控制——别人告诉你的"你应当"——都会干扰机体的正常运行。你唯一应当控制的就是当下的局势。如果你清楚自己所处的局势，并且可以掌控它，你就学会了如何应对生活。就像你开车的时候，不是按照预设程序驾驶，而是根据实际情况（在与人交手时也是如此）。当你感到疲惫，或者遇上雨天，行驶速度都会不同。

我们越不相信自己，与世界的接触就越少，控制欲就越强。

当下＝经验＝意识＝现实

格式塔疗法＝现象学方法（意识到什么）＋行为方法（当下的行动）

四种基本哲学方法

1. 关于主义。它将所有的情绪反应或其他真正的沉迷拒之门外 —— 仿佛我们像草木一样无情。在理疗中，关于主义被合理及理智化，存在于理疗师说的"这就是你的问题所在"的"解释"游戏中。它是非介入式的。

2. 应该主义。有了它的存在，你成长的过程中总是被你应该做什么和你不应该做什么包围，并且花费很多时间在内心纠结这一问题。我将其称为"强者与弱者的游戏"或者"自我完善的游戏"，也可以叫"自虐游戏。"它的基础是对于现状的不满。

3. 存在主义是寻找真理的永无止境的尝试，但什么是真理？我将其称之为"合适的游戏"之一。

4. 格式塔哲学通过事件发生的方式来了解它的存在。它是通过如何发生而不是为何发生来理解事件，通过无处不在的完全形态来理解事件,通过未完成情形(生物因素)的张力来理解事件。换而言之,在格式塔疗法中我们尝试与所有事物保持一致,尤其是与自然一致,因为我们是自然的一部分。

思考即预演

思考是在大脑中排练你在社会中扮演的角色。轮到你表演的时候，如果你不确定自己的表演是否会受欢迎，你就会怯场。

这种怯场在精神病学中被称为"焦虑"，"别人问我问题时我要说什么？""我在演讲中该说什么？"当你遇到一个女孩时，你会想，"我要穿什么才能给她留下深刻印象？"等，所有这些都是为你扮演的角色在大脑中排练。

处于焦虑状态时，我们的魅力和潜力无法得到充分发挥。

"意识连续""发觉""改变"会自发进行。如果你一直这样想，你很快就会遇到一些不愉快的经历——当下所做的事被频繁地打断。"意识连续"被中断会阻碍我们的成长，使得治疗不起作用，婚姻变得不幸，也使得内心的冲突无法得到解决。

这种回避倾向的目的是维持现状（什么是现状？现状是我们坚信自己仍然是孩子）。我们很幼稚，因为我们害怕承担责任。

而想要青史留名，我们必须变得成熟，那意味着放弃依靠父母，放弃那些我们一直以来必须顺从或反抗的观念，放弃我们一直扮演的孩子似的角色。

成熟是指从依靠外界成长转变为依靠自己成长。然而易受惊的孩子会竭尽所能扮演虚假的角色，而不是学会自立。这些虚假的角色会向周围所有人寻求帮助而不是发挥自身的潜力。他们通过无助、装疯卖傻、询问他人、哄骗奉承来操控周围的人，结果就是走投无路。

当我们无法靠自己，外部环境也无法起作用时，僵局就会出现。有的人没有眼睛，有的人没有耳朵，有的人没有腿，有的人没有判断力，而有的人没有感情。失去这些东西会让我们对生活感到厌倦，会空虚孤独，为了填补这些空缺，我们必须走出僵局，克服僵局带来的沮丧感，而这一行为本身就会消解沮丧感，但这种沮丧感会伴随学习过程的始终。

学　习

　　学习方式有两种。第一种是获取信息；第二种是有人会告诉你概念是什么，有什么用以及世界是什么样子。你将这些信息输入电脑，然后就可以开始拼装游戏。但这个概念与其他概念真的相吻合吗？

　　无论如何，最好的学习方式不是收集信息然后将它们组合在一起。学习就是发现、揭露内心深处事物的过程。在发现的过程中，我们培养能力，大开眼界，挖掘潜能，观察周围环境，想方设法拓宽我们的生活，寻找方法应对困境。我坚信所有的这一切在当下正在发生。

　　对于事物的所有臆测，尝试从外界获得信息和帮助，都不会让我们变得更加成熟。因此所有和我一起共事的人都必须不断地记录当下。"我在经历这些；我有这样的感觉；现在我不想工作；现在我很无聊。"从这些记录中，我们可以认识到什么样的经历是你可以忍受的，什么时候你想要逃避，什么时候你愿意咬牙坚持，什么时候你感觉自己正在受苦等。这一记录的实际好处是健康以及你的世界被打开了。

"集中"的过程

集中是与对手的和解，这样他们就不会把精力浪费在无谓的彼此斗争上，而是可以相互合作提高效率。

存在的对立面是什么？最直接的答案是不存在，但这一答案并不正确。存在的对立面是反存在，正如物质的对立面是反物质。在科学领域，我们最终回到了前苏格拉底时期的哲学家赫拉克利特所说的，一切都是流动的，变化的，都是一个过程。没有"事物"的存在。在东方，我们称之为"虚无"。西方人认为的"虚无"是空白、空虚、不存在。而在东方哲学和现代物理学中，虚无是一种变化过程，不断变化。

在科学中我们试图找到物质的基本单位，但越拆分物质，我们越能找到更基本的元素。我们研究运动，而运动等于能量：运动、冲击、能量，就是没有事物。事物的出现或多或少是为了满足人类的需求。你可以操控一件事物，可以用它玩拼图游戏。这些概念和事物在一起可能再组合成其他东西。"某物"也是一个事物，所以即使是抽象名词也是一个事物。

过　程

为了清楚事物的意义，即为了赋予它们以生命，我们必须再一次将它们转换为过程。实体化，是指脱离过程制造一件东西，是我称之为内爆层、紧张层或死亡层的功能。

如果你有躯体和思想，这些东西显然是属于一个名为"我"的实体。"我"鄙视我的思想、我的身体和我存在的这个世界，或者以它们为傲。所以实际上我说"我有一些身份"而没有意识到我正是某个身份本身。在使用格式塔疗法的治疗过程中，我们会发现一个人的语言习惯，他越疏远自己，就越会使用名词而不是动词，尤其是"它"这个词。

更多地使用名词是在否定自己活着。当我活着的时候，我可以"发声。"当我死去，我只能通过文字"说话"；这些文字会帮我表达自己。你会注意到这种描述主要由一系列名词组成，而生命中其他时间仅仅是将这些名词串联起来。

症结（困境——恐惧层）

　　一旦我们意识到自己不愿意接受不愉快的经历，我们就会到达下一层——恐惧层，我们会抗拒，反对成为我们自己。这正是我早先声明的为何我们认为有的事"不应该"。

　　当我们陷入恐惧和反对意见的时候，困境就出现了。在困境中，我们唯一能感受到的就是死亡。我们感受不到任何事物，我们就是事物。在每一次治疗中，我们都必须经历这一内爆层才能认识真正的自己。这也是大多数治疗流派和治疗师讳莫如深的区域，因为他们也害怕死亡。当然，这不是指真正的死亡，而是对死亡和消失的恐惧。

　　一旦我们穿过内爆层，就会看到一些非常奇特的事情发生。这些事情在紧张状态下最为明显，比如当一个生命垂危的病人忽然活过来时。这就是内爆层消解时的情形——爆炸发生了。

　　爆炸是我们穿过内爆层的最后一层神经质。依我之见，这一系列进程是成为真实的自己的必要条件。爆炸基本上有四种结果：欢乐、悲伤、高潮、愤怒。有时爆炸十分轻微——这取决于投入内爆层的能量大小。

恐惧症的基本表现为害怕成为你自己。如果你敢于正视自己你立刻会感到如释重负。你还会发现最能增长智慧的方法就是提出问题并将其完完全全地表达出来。突然间拨云见日，问题的本源也就显而易见了。

令人难以置信的是，当下的意识足以解决所有困难，即神经递质的困难。如果你清楚地意识到这一困境，它也就不复存在了，你会发现自己不知不觉间已经突破了困境（就像你决定两种食物更喜欢哪一种一样简单）。

赫塞论自我意志

自我意志是唯一与人为法则无关的美德。即使是固执己见的人也会遵守一条准则，一条他认为神圣不可侵犯的准则——内心的底线，自我"意志"。

何为固执己见的人？难道不是有着自己想法的人吗？人的群居本能要求人适应和服从，但是那些永垂不朽的人绝不温顺、懦弱、苟安，而是固执己见，唯有英雄永垂不朽。

固执己见的人只有一个目的：成长。他只看重一件东西：内心深处的神秘力量，这股力量支撑他活着，帮助他成长。这股力量不为金钱或权力所维持、增加或深化，因为它们都会导致信任破裂。那些不相信生命赋予的力量的人，或者说没有力量的人，才会通过金钱等替代品来填补这一遗憾。

当一个人很自信，当他所有想要的仅仅是简单自由地度过一生，他就会将那些被高估、过于昂贵的东西视为附属品，可以拥有固然令人开心，但也绝非必不可少。

他仅仅依靠心中那无言的、难以言喻的法则活在自己的世界里，对于一般人来说，那些舒适的习惯使得人很难遵守内心的法则；但对于固执己见的人来说，这就是他的天命。

迈向解放

最好的方法就是培养抵抗的能力，哪里有抵抗哪里就缺乏理解。所谓训练有素的头脑绝不是说任由自己天马行空。最好的方法，无论多么严格，都是将思想固定在模板中，使其固化。固定的格式绝不会带来自由。并且这种死板不足以应对在与人交手时的瞬息万变，因为每一秒都不一样，没有现成的模板可以套取。

经典套路的修行是通往真理的阻碍，因为这些套路尚未发生。过度机械化和局部化的头脑如何理解无招的境界呢？

第四章

截拳道的本质

李小龙在电视剧《青蜂侠》中的剧照

截拳道：如何"收拳"

截拳道以现实中的战斗为指引进行训练。终极目标是回归一个人简单、直接、不拘于形式的自由状态。

优秀的截拳道学习者不会强力对抗或完全屈服。他会像弹簧一样柔韧，顺应对手的进攻而并非直接抵抗。他没有招式，但会化对手的招式为己用。

一个人应当在没有任何人为且"僵化"的预备条件下对周围的变化做出反应。他的动作应当如影随形。其任务仅仅是自发地完成"合一"的另一半，与对手的动作合一。

在截拳道中，出手会变得越来越简约而非复杂。不是日益增加，而是日益减少。山顶的人总是追求出手简约，而山腰的人却往往寻求纷繁复杂的招式。因此重要的不是你累积的僵化的知识，而是你可以灵活运用的知识。"认知"一定比"蛮干"更重要。

对截拳道的理解会随着与对手的联系时刻发生改变，而并非是闭门造车。随着他人的变化而变化才能更好地理解截拳道，闭门造车只会导致误解。任何技术，无论多么有价值，多么令人向往，一旦沉溺其中，就会变得病态。

学习基本法则，遵守基本法则，然后去其形，取其意。简而言之，学习某种框架但不被其束缚，遵守基本法则但不受其约束。

所有学习截拳道的人，听我说——任何固定模板都无法随心所欲地变化以适应不同的情形。真理存在于固定模板之外。尝试通过模板习得真理正如用包装纸包住水以获得水的形状！

一个人若是能领悟截拳道的真谛，他就会拥有无形之形。就像冰可以融化成水，它可以变化成任意形状。一个人若是出手没有固定形式，他就拥有了千百种招式；若是没有风格，他就可以与各种不同风格相融合。

在终极自由中，一个人可以使用任意方法而不受约束，同样的，一个人也可以使用所有技术或方法来达到最终目的。毕竟效率才是最重要的。

当你在截拳道中感知到真理时，你正处在一个与其他部分并无不同的圆心，且这个圆没有边界。

——李小龙

截拳道：走向自我解放

过去国内外有很多作品在写截拳道是什么，尤其是在香港。但这些文章都没有触及截拳道的核心，因为它们都不够精确。确实，很难解释截拳道到底是什么，因此很容易似是而非。

或许是为了避免将事物从过程中孤立出来，我个人至今没有打算写一篇关于截拳道的文章。本次演讲以一个禅宗的故事开始比较合适：

一位读书人前去拜访禅宗大师问禅。但是大师讲禅时，他总是说"对，我们也有这样的话"，打断大师的谈话。最后大师不再言语，开始给这位读书人倒茶；然而直到茶水溢出来大师也没有停下。"够了，茶杯已经满了。"读书人开口了。"确实，我看到了。"大师说。"但如果你不清空自己的杯子，又如何能品我的茶？"

　　我期望各位武术同仁能怀着开放的心态听我的讲话，抛开一切成见和已有结论；这一行为本身就是一种解放——毕竟杯子的用处正在于空。

　　除此之外，你还应当把我说的和你自己联系起来，尽管我是在讲截拳道，但它主要涉及的是武术家的成长，而不是"中国"武术家或其他。我们应当认清武术家首先是人，所有武术家都一样，因此武术无国界。

真正的观察起始于一个人开始放下固定模式；
当一个人超越体系，表达就会变得自由

　　假设几个修习了不同流派武术的人目睹了同样一场对决。我敢保证每个人看到的都不一样。这很容易理解，因为一个人不可能看到对决本身的样子，他们都会根据自身的理解解读这场对决——从拳击手、摔跤手、空手道家、柔道家、中国武术家或受过任何特定训练的人的角度。因此对于战斗的描述会因个人的好恶而变得各有侧重。简单而全面的战斗并不受个人因素影响，比如你是"中国"武术家、"韩国"武术家或是"任何流派"的武术家。真正的观察起始于一个人开始放下固定模式；当一个人超越体系，表达就会变得自由。

流派反映了一个人的侧重点

在我们谈论截拳道之前，让我们先看看何为古典流派的武术。首先，我们必须承认一个不容辩驳的事实：是人创造了流派。无论流派创始人的生平如何多姿多彩——得道高僧、梦中得道、神圣启示、满屋金光等。一种流派的规则与原理绝不是不能违反的绝对真理。人，永远比流派更重要。

流派创始人可能接触到的只是部分真理，但随着时间的推移，尤其是他去世之后，我们不断学习的是"他的"假设，"他的"侧重点，"他的"已有套路——最终成为定律。为此后人制定了教义，规定了仪式，创造了分离性的哲学，最终，确立了制度。自此，创始人拥有的某种个人流动性的东西开始固化，成为僵化的认知——那些有条理的、被归类的反应以一种有逻辑的方式展现出来，成了万金油。那些出于好意的追随者不仅将这些认知变成金科玉律，也将它们变成了埋葬创始人智慧的坟墓。

如果我们不按照自己固有的想法，而是诚实地看待战斗的实际情况，我们一定会注意到流派会带来无谓的偏见、否认、谴责和许多说辞。简而言之，解决问题的方法就是找到问题的根源，这给我们的成长平添了许多限制与阻碍，妨碍了真正的理解。

当然，为了对"异端"做出回应，其他流派的创始人或是不满的信徒会找到有效的应对方法——如软功与硬功，内家与外家等。很快，它们变成了一个巨大的流派，有着自己的规则和特定的模式。漫长的争斗自此就开始了，每一种流派都宣称自己是真理而排斥其他流派。尽管人类是一个整体，具有普遍性，然而流派却是个体局部的投影，是个人的选择，而个人被自身的选择蒙蔽，看不到整体，使得流派变得比人本身更重要。流派变得比人更重要。更糟糕的是，不同流派往往相互对立，因为他们的指导思想相左。因此，流派之争使人相互分离而非相互团结。

真理不可结构化或加以限制

一个被强加了不完整结构或禁锢于某种流派的人无法彻底地表达自我。格斗本身是完全的，包括"应该是"的部分，也包括"不应该是的"部分，没有最爱的出手线路与角度，没有边界，格斗总是鲜活的，它从未停歇，一直在变化。格斗决不会局限于一个人的偏好、周围的环境或自己的身体，尽管这些都是格斗的一部分。然而正是这种"特殊安全"或"拐杖"限制、阻碍了武术家的成长。事实上，许多习武之人都十分喜爱自己的"拐杖"，以至于不使用拐杖就无法行走。因此任何招式，无论从古典角度来说多么正确或设计得多么精妙，只要沉溺其中，就是一种病态。不幸的是，许多武术家都沉迷于其中。他们不断寻找可以"满足"自己特殊愿望的老师。

截拳道是做什么的？

有一说一，我从未创建新的流派，也从未复合或对已有流派做出改动。也就是说，从未给截拳道加以明显的形式或清晰的定律。截拳道并非从某个特定角度看待格斗，而是从所有角度出发，尽管它使用所有方法达到目的——毕竟，效率至上。但它不为任何东西所困，因此它是自由的。换句话来说，截拳道虽然用所有角度看待格斗，但其本身并不具有多角度。如前所述，任何结构，无论设计得多么高效，使用者一旦沉溺其中，它就会变成牢笼。

将截拳道窄化为一种武术流派——空手道、跆拳道、李小龙的街斗风格等，都没有抓住重点，因为它的教学不能简化为一个系统。如果截拳道不是一种流派或方法，许多人可能认为它无用或者平庸。然而并非如此，因为截拳道既"是"又"不是"，它既不是风格，也不是风格的对立。

一切都在变化，唯有变化不变

我们听到不同"专家"或"大师"——我们身边确实有很多哲学家和研究人员——告诉我们武术就是生活本身。我想知道他们之中有多少人真正懂得这一点。平心而论，生活并非一潭死水，也不是被割裂的事物或是某个限定框架。生活是不断的运动，有规律又没有规律的运动。生活还是不断变化的过程。

古往今来许多武术"大师"并没有选择随着变化而变化，而是创建某种固定形式的幻觉，固化不断的流动，分割整体，规划自发性等。环顾四周，你会发现现如今我们有各式各样的常规表演者、杂技演员、麻木的模式化机器人，沉湎于过去的人——这些全都是绝望的组织者。

看着这些真诚的学生认真地重复着模拟练习的招式，听着他们的嘶叫和精神的呐喊，真是让人感到遗憾。大多数时候，老师给学生授课的手段过于复杂，占用了大量的精力，从而导致学生遗忘了最初的目的。这些学生做的仅仅是机械的回应，而不是回答"是什么。"他们不再"耳听六路"，而是熟记周围的环境。这些可怜的学生不知不觉变成了典型的废物。他们是成百上千年之前就规定下的训练的"产物"。

手指指向月亮

全面的战斗没有标准，肢体表达必须自由。关于解放的真理只有在个体亲身经历并且生活在其中时，才是真实的，这一真理远胜于所有流派及其教义。记住，截拳道只是一个术语，一艘助你渡河的船，渡河之后你就应当舍弃而不是把它背在背上。

这几段文字充其量不过是"指向月亮的手指"。不要把手指当作月亮，也不要一直盯着手指，这样你会错过美丽的月华。毕竟，手指的作用在于指向远处照亮手指和一切的月亮。

截拳道笔记

学习武术时必须保持思想自由。受限制的大脑绝不会自由。

固定的训练将人限制在特定系统框架内。

如果训练中只是重复有节奏的、经过计算的动作，武术就失去了"活力"和"本来面目"。它成为一个死结，变得越来越固定，累积了越来越多的形式（在各种条件下获得）、方法和目的。

关系就是理解

你越是意识到这一点，你就越会抛弃你过去学到的东西，这样你的大脑总是很单纯，不被之前接受的训练所污染。

真理就是你与对手的关系永远都在变化。它是"鲜活的"，从不停止变化。

形式的作用是在选定的模板下培养抵抗力和排他性。不要迟疑，而是直接做出反应。也不要厌恶或喜欢某种形式——没有偏见的意识可以使得你在充分了解对手的情况下与其和解。

封闭模式中的隔离

习武之人一旦以一种不完全的方式进行训练，他与对手之间就隔着一层屏障。事实上，他只是在"表演"自己流派的一系列招式，倾听自己的呐喊，并不了解对手在做什么。

想要与对手保持一致，就应当直接观察对手——没有直接的观察，就会出现阻力——它是由"这是唯一真理"的想法产生的。

拥有整体性意味着可以跟随对手的动作做出改变，因为战斗总是瞬息万变，如果人为一叶障目，他就无法对战斗做出正确反应。

无论一个人是否将勾拳或摇摆作为自身招式的一部分，他都同意应该对其招式有完美的防御。几乎所有的格斗者都会这么做（使其攻击变得多样化）——你必须可以从任何角度出手。

系统开始变得重要——已经超过了人！

了解自己就是与其他人一起研究自己。

想要了解如何战斗，你就必须亲身体验。

关系就是自我揭示的过程。关系是一面镜子，你在与他人建立联系的过程中发现自己。

　　既定的模式无法灵活变化，它只是给你套上一个更精美的笼子。

　　真理存在于模式之外。

　　形式是一种徒劳的重复，它为人提供了有序且精妙的系统，用于逃避自我认知和对于有血有肉的对手的认知。

　　积累是一种自我封闭式的抵抗，眼花缭乱的技巧加强了这种抵抗。

更多截拳道笔记

自由不可预想。自由需要机敏的头脑，它充满能量，可以无须反应，立刻观察，不会想着一点点实现自由。

学习古典武术的习武之人越来越不自由。

没有谴责，也无须理解行动模式。你仅仅是在观察——仅仅是看向它，盯着它。感知型的头脑是灵活的、运动的，充满能量，有这样的头脑才能理解真理为何物。

古典的方法和传统使得大脑变成奴隶——你不再是个体，而是单纯的产品，上千年累积的结果。

生活是宽广无限的，没有边界。

通往真理之路需要的不是信念或方法，而是感知。它是一种无须费力的、柔韧的、无选择的觉知的状态。

当你有了中心，就会有圆周；以中心为起点，圆周之内，就是奴役的领域。

真理是一种"浑然一体"的感觉，没有中心。

忘记所有经历，将其融为一体然后"重生"。

当你想进一步倾听某件事，你就已经停止倾听。认识是一个持续不断的过程；因此认识不是静止状态，没有固定的方式。知识有局限性，但认知的过程没有局限。

生活是没有固定答案的，必须每时每刻理解它。我们寻得的答案必然符合我们的认知模式和思考模式。

简单是内心的一种状态，在这种状态下没有矛盾，没有对比，这是一种接近问题本质的感知力，它不是简单地以固定的想法接触问题的本质，或者以特定的思维模式去处理问题。

思想简单，是指大脑不受动机驱使而工作、思考或感知。有了动机，必然就有手段、系统或准则。动机产生于对结果、目的或实现目标的渴望，其必然有实现的方法。冥想将大脑从所有动机中解放出来。

人们不想要处于焦虑或不确定之中，因此建立了某种行为模式、思考模式或与他人交往的模式等。然后他成了模式的奴隶，将其视为真实的东西。

头脑所做的任何努力都会进一步限制自身，因为努力意味着朝向某个目标奋斗；当你拥有目标或者终点的时候，你就在自己的头脑中施加了限制，你正是用这样的思想来沉思。

晚上我见到一些从未见过的东西，大脑感受到惊奇，但第二天这种体验就会变得机械化，因为我想要重复这种感觉，这种愉悦的感觉。描述从来都不真实。真实的是瞬间看到的真理，因为真理稍纵即逝。

用整体意识观察事物。

当然，冥想绝不是一个专注的过程，因为思考的最高形式是消极思考。这种消极不是积极的反面，而是一种既没有积极反应也没有消极反应的状态。它是完全的空。

集中是一种排斥形式。存在排斥的地方必然存在排斥者。正是那思考者、排斥者、专注者制造了矛盾，因为这样就会出现中心，会产生偏离、心烦意乱。

意识没有边界。这是你对某个事物毫无保留的所有的付出。

专注是心灵的收缩，但是我们关注的是整个过程，只关注于生活的任意一方面都会贬低生活。

怎么会有某种固定方法或系统可以实现不断变化的目标呢？如果想要实现某个静止、固定、没有生命的目标，确实存在着明确的道路，但是没有任何一种办法可以实现不断变化的目标。不要把现实简化为静态的事物，然后试图创造一种方法去描述它。

接受、否认和信念都会妨碍理解。让你的大脑与说话者的大脑产生共鸣，便有可能实现真正的交流。当然，要真正地理解就必须处于一种无选择的觉知之中，没有比较和谴责。当我们同意或者不同意一件事情时，不必考虑它将来的变化，最重要的是不用从现有结论出发。

理解需要的不仅仅是瞬间的感知，还有持续的意识，持续且不满足于所有答案的探寻状态。没有任何思考是自由的——全都是片面的，永远不会是整体的。思想是记忆的反应，而记忆总是残缺不全的，因为记忆是经历的结果。因此思想是被经历所束缚的大脑的反应。

知识总是与时间有关，但认知不仅仅与时间相关。它来自资料、积累、结论，认知是一个动作。

累积的过程只是在培养机械的记忆。学习永远不会累积，因为它是没有起点与终点的认知运动。

存在一种没有选择的意识，没有任何要求、没有任何焦虑的意识，在这种状态下才会出现洞察。只有它才可以解决我们所有的问题。

感知的状态不是其他，正是存在的状态。

行动将我们与万物联系起来。

行动没有对错。只有在局部范围内，才会有对错之分。

想要变得单纯的头脑无法培养出纯真，只有在没有否认或接受的纯粹状态，大脑才能看到事实。

当我们仔细探究问题的时候才会发现真相。问题从不独立于答案而存在，问题就是答案——对于问题的理解就是解决问题。

当心灵束缚于一个中心时，它自然不自由，因为它只能在中心的限制区域内移动。

如果一个人被孤立，他就被宣判死亡。他在自己思想的堡垒中变得瘫痪。

头脑必须开放，才能在思想中发挥作用。受限的头脑无法自由思考。

专注的头脑不是指头脑专注，而是指其处于一种可以全神贯注的状态之中。意识从不具有排他性，它包含万物。

截拳道补充说明

截拳道不是"一种专注或冥想的方法。"它是"存在",是"经历",是一种"非方式"的"方式"。

截拳道追寻的是"启蒙",它是由纯粹的虚无(而非空虚)中所有主客体对立统一产生的——"启蒙"并非思想活动或自我意识主体的活动或经历。

截拳道是"纯粹存在"(超越主体与客体)的意识,是对存在的"真如"与"如是"的瞬间的把握(并非"部分现实")。

心灵是可以意识到自己存在的终极现实,并不存在于我们的经验意识之中——通过"成为"心灵,而不是拥有它("没有想法与想法是无""没有形式与形式为无"是不同的)。

心灵与万物合一。清静禅认为,这一体验并非某种可以通过精神净化过程"可获得的"客观体验,若是陷入其中会导致错误与荒谬。

禅并非是那种内省的技巧，可将事物与外部世界排除在外，消除杂念，静坐在某地，放空大脑，专注于自身精神的纯净。禅并非"内省"或"退缩"的神秘主义，也不是"养成的沉思。"

不要将作为一种手段的冥想（禅定）从作为结果的启蒙（般若）中剥离——二者不可分割，禅宗强调的是在一个人的所有行动中实现禅定与启蒙的统一。

三种错误

1. 虚构一个经验自我，并观察自己。
2. 将人的思想视为某种物体或拥有物，并且将其置于分离的、孤立的"部分自我"之中——我"有"某种想法。
3. 努力擦镜子。

这种顽固且控制欲强的自我意识，想要在"解放"中证明自己的存在，通过否认它"拥有的"想法和排空心灵的镜子来巧妙地隐瞒事实,但它仍然"拥有"——空虚本身就是一种拥有，也是一种"境界"。

没有要获得的启蒙，也没有获得启蒙的主体。

禅并不是通过"时时勤拂拭"的冥想来获得的，而是通过"此时此地存在的当下的'忘我'"来实现的。我们不是为了成为什么，而是我们本来就"是"什么；不是努力"变成"什么，而是我们本来就那样。

空可以说由两个方面构成：（1）它只是它本身。（2）它意识到、察觉到本身的存在，准确地说，这一意识"在我们心里"。或者更贴切一些，我们"处在意识之中"。

它只是看到事物本身而不加任何赘饰——无意识意味着不参与所有相对（经验的）心灵运动。

自　在

不著一切法，即为自在。不执着是生活的根源。

般若不是自我实现，而是超越主客体的纯粹简单的实现。

目不见物，才是真正的见。这种见是因为不依靠任何事物，它只是"纯粹的看"，超越主体与客体，因此"无见"。

禅将思想从视精神状态为"客体"的劳役中解脱出来，这些客体很容易实体化，并且转化为偶像，困扰、诱惑追寻真理的人们。

纯 粹 的 见

"无见"与"无想"并非抛弃，而是实现。没有主体与客体的见才是"纯粹的见。"

直接意识构成"使我们感到自由的真理"——不是作为知识对象的真理，而是在具体与存在意识中生活和经历的真理。

何为武术？

武术是情感的沟通。

武术必然来源于武术家的情感与经历。

许多伪武术来源于虚假，或尝试在没有切身经历与情感的条件下创造武术。

恰当的形式要求的是个性而非模仿性重复，简洁而非复杂，清晰而非模糊，简单的表达而非复杂的形式。

截拳道终极源泉

开　悟

开悟就是在开悟中成就它自己。真理存在于事物的"本身"中。因此"本身"在其基本意义上具有自由，不受依附、限制、偏见和复杂性的限制。

从道德上讲，开悟教导我们一旦确定了方向就不要回头看。

从哲学上讲，开悟让我们看淡生死（截拳道不是为了伤害，而是通往生命的秘密的途径之一）。

格斗者必须一心一意，只着眼于一个目标：战斗，既不向后看也不侧视。消除一个人在情感上、身体上或智力上的障碍。

开悟是一种生活方式，一种意志力和控制力的系统，尽管它应当受直觉的启发。

接近截拳道的办法是掌握意志。

忘却失败与骄傲的痛苦：对手擦破你的皮肤，你割破他的肌肉；他割破你的肌肉，你就敲碎他的骨头；他打碎你的骨头，你就要他的小命！不要在意你的安全——在对手面前不要太在意你的生命。

拳脚（你天然的武器）是双刃剑

a. 摧毁你面前的对手——消灭所有阻碍和平、正义与人性的事物。

b. 摧毁你本能中自我保护的冲动（任何困扰你心灵的东西）——不要伤害任何人，只消灭自己的贪婪、愤怒与愚蠢。在这方面，截拳道是针对自身的。

拳脚是用于消弭自我意识的工具。这些工具代表着本能或直觉的直接力量，与智力或复杂的事物不同，它们不会分裂自己，阻碍自身的自由。工具只会心无旁骛地前进。

拳脚象征着保持大脑、身体和四肢充分活动的无形的精神。

持续阶段（从自身中释放自己）

心灵停止逗留的地方是对客体的依附点，是流动停滞的地点。不要让你的注意力被吸引。超越对情况非黑即白的二元理解。

静止的般若

静止的般若并不意味着不运动或不敏感，而是思想本身被赋予了没有边界的无限的流动性。

静止的般若能够勘破妄想。不动意味着不要停止思考。"一心一意""谦虚"说的也是这个意思。

截拳道不喜欢"门派之见"或"局部之见"，整体性才能适应所有情形。

思想的流动就像水中月——既是移动的，又不可移动。

两个物体之间的任何空间其他物体都可以进入。

拳脚位于没有圆周的圆的中心，在其范围内没有差别。

移动却又不移动，紧张却又放松，目睹发生的一切，但对于事情的走向不焦虑，不刻意地设计，也不有意地计算，没有预期，没有期望——简而言之，有着十分成熟的头脑，可以蹦出最富有智慧的机巧与诡计，但却像婴儿一样天真。

聪明且负担重的思想是错误的思想。它只能从一个地方移到另一个地方，不能停下来并且反思自己，这对思想本身的流动性（创造）产生阻碍。

思想的流动性是指思想就像水流一样自然流动，没有阻碍。

车轮与车轴连接不紧时会发生旋转。当思想被束缚得过紧，它会时时刻刻感受到受阻，无法自然地完成任何事。不仅如此，工作质量也会降低，甚至可能无法完成工作。

回忆与预期是意识的良好品质，使得人的思维与其他低等动物区别开来。它们十分重要并且有特定的用途，但当行动关乎生死，则必须将它们放下，因为它们会干扰到精神活动的流动性以及出手的速度。

截拳道的积极心理训练不是对欢腾的生命或一种冻结的模式的简单哲学思考，而是进入非相对论性领域的入口，它是真实的。

重点是将武术作为一种方法推进对道的研究。

警惕意味着极其严重；极其严重意味着对自己真诚，真诚才能得道。

涅　槃

有意地无意识或无意地有意识是涅槃的法门。出手直接、迅速则意识无缝可钻，也不会散乱。

任何性质的斗争都无法满意收场，除非尘埃落定。在我们无法影响对方的情况下，需要的不是中立，不是冷漠，而是超越。

根本上来说，截拳道并非某种技术问题，而是精神洞察和精神训练的问题。

自我一直固执地拒绝外来事物，而正是这种"自我固执"使得我们无法接受任何外来事物。

武术存在于绝对自由之中，没有自由就没有创造力。

没有想法正是"每日的想法。"

你的自我意识与自觉意识在注意力范围内过于显眼——这一事实影响你自由地展示你目前已经拥有的能力以及即将要获得的能力。你应当摆脱它们并且若无其事地投入到工作当中。

水奔涌不息，但月亮纹丝不动。想法瞬息万变，但万变不离其宗。

纯　粹

为了最大限度地展示思想的原始活动，我们必须清除所有外在障碍。

集中注意力在眼睛上，对大脑接收到的画面做出迅速反应——这些画面同时也出现在内心深处。

得到的就是失去的。

你所有学到的知识和技能都应该被"遗忘"，当你使用它们的时候，自然地进入空的境界，无拘无束。学习很重要，但不要成为学习的奴隶。最重要的是，不要过分看重任何外在多余的东西，思想才是首要的。

除非你消除所有的心理障碍，并且思想处于空（流动）的状态之中，甚至忘记你所学的招式——不需要有意识的努力，否则你永远不会熟练掌握它们。

当所有的训练都抛诸脑后，大脑完全不知道自己该做什么，自我消失无踪，截拳道就达到了完美的境界。

学习招式可以帮助理解禅宗哲学，但是在禅宗与截拳道中精通招式并不能涵盖整个学说。两者都要求我们到达空或绝对的终极现实。后者超越了所有相对论的模式。在截拳道中，所有的技巧都被忘却，仅仅依靠无意识来应对一切状况，届时技巧会自发实现奇迹——沉浸在总体当中。无招即为无数招。

任何招式，无论多么珍贵或令人神往，一旦沉溺其中就成为一种病态。

六种疾病

1. 渴望胜利

2. 想要使用招式

3. 渴望展示学到的一切

4. 渴望战胜敌人

5. 渴望被动

6. 渴望摆脱任何可能染上的疾病（渴望完美）

"欲望"是执着。"想要无欲"也是执着。不执着即意味着要从所有积极或消极的说法中解脱出来。换而言之，既为"是"又为"否"，这在智力上是荒谬的，但在禅宗中存在。

正如一个没有圆周的圆：学习截拳道的人应当保持警惕以

满足对立面的互换性。当思想"停止"任意一方的交换，就失去了自身的流动性。学习截拳道的人应使自己的思想一直处于空的状态，这样出手才会畅通无阻。

在没有障碍物时，学习截拳道的人应像闪电或者镜子反射图像一样迅速。

毫无疑问，精神是我们存在的控制因素（至于它去往何处，我们永远不会清楚），尽管它完全超出了物质范畴。无论什么情况下，这一无形的因素控制着外部世界每一个自我发现的瞬间。因此它十分灵活，任何时间、任何地点都不会停下来。

一旦他站在截拳道的立场上，就会处于精神自由的状态下，不执着。

"家的主人"：让工具变得可见

所有的动作都源于空，而思想正是动态的空的名称，此外，空之中没有不诚实或自我为中心的动机，因为它是真诚、真挚和直率，不允许任何东西阻碍自身的运动。截拳道存在于混沌之间——在那里，你看不到我，我看不到你，阴阳尚未分化。

无论是走是停，是坐是卧，是说话还是沉默，是吃饭还是喝水，都不要懒惰，要努力寻找"混沌"。

如果用形式代替直接观察事实，就会不断使自己陷入混乱，最终陷入死循环。由于我们的教导、歪曲和误解，我们看不到事情本来的样子。

管教应当顺应自然。

成熟并不是成为概念化的俘虏，而是成为内心深处的自我。

最大的错误是预测交手的结果，你不应当考虑胜败。只要顺其自然，你的拳脚会在恰当的时候发挥作用。

截拳道

1. 一套没有固定技巧的系统。

2. "适应"的精神。

3. 清除我们累积的所有污垢，并且揭示现实的"本然"，或者说"本真"，这与佛教"空"的概念相对应。

由于一个人的真诚与无求，他的"拳脚"也带有这些性质，并且以最大程度自由发挥着作用。

截拳道，归根结底不是小道，而是高度发展的个人精神与体格。

截拳道不是在改进一个高度发展的事物，而是修复一个之前被抛之脑后的事物——尽管它一直跟随着我们，在我们体内，除了我们对它的错误操纵，它从未丢失或被歪曲。

学习截拳道时，学生必须处于积极主动当中。但在实战中，他必须保持冷静，不受丝毫干扰，一如往常。前进时，脚步稳健，眼睛不会像疯子一样盯着对手。他的动作不能与日常行为有任何不同，表情没有任何变化，没有任何迹象表明他正在进行生死之战。

招式技巧从属于心理训练，这一训练将使得参训者的精神境界提升到极高的水平。

学习截拳道的人直面现实，而不是依赖于形式。

拳脚没有固定的招式。

不执着是指所有事情的终极源头都超出人类的理解范围，超越时间与空间的范畴。因其超越了所有相关性，故而被称为"不执着"，这对任何可能的预测都适用。

他不再是自己，像机器人一样移动，将自己交给了日常意识之外的某种影响因子，这种影响因子正是被自己深埋的无意识，迄今为止从未被察觉。

武术不是某种装饰点缀，而是起到开悟的作用。武术，换而言之，是一种获得自由的途径。

截拳道以"不以技巧或教义为基础"而闻名——正如你一样。

思想的缺失：思想应当从外部世界的影响中解脱，要让思想穿梭在各种现象中畅通无阻。

要使得思想处于敏锐的焦点之中并且时刻保持警觉，这样它就可以觉察到无处不在的真理。思想也必须从所有过去的习惯、偏见、限制性思维甚至普通思维中解放出来。

三个组成部分

无想法是截拳道的信条：这意味着在思考的过程中不应该沉陷其中，不受外部事物的干扰——要做到在思考中而又不思考。

截拳道的主旨是"没有固定招式"，以实现完全的自由。

不执着是截拳道的基础。

人的本质：在日常的进程中，思想不断前进；过去、现在、未来都是如此，思想滚滚向前。

无想法意味着从二元性与所有烦恼中解脱。

思想意味着对真理和自我本性的思考。

思想的本质是真正的真实，思想是真正的真实的功能。

冥想意味着实现一个人本性的安宁。冥想是指从所有表象中解脱，平静意味着内心不受干扰。当一个人从外部世界中解脱，不再受到干扰时，内心就会变得平静。

真正的真实之中没有受到玷污的思想，它无法通过概念和思想来认识。

除了真正的真实之外再也没有任何思想。真实不会变，但是它衍生出来的运动和作用无穷无尽。

想法最初没有波动，道法无情。

认知意味着知晓心灵的空虚与安宁。

洞察意味着意识到你最原始的特性并非被创造出来的。

放空意味着没有表象：没有固定流派或形式让对手知晓如何应对。

平静意味着不刻意强求；不刻意强求又意味着没有任何幻想或错觉。

不修行不代表不进行任何形式的修行。即指通过一种"不修行的方式"来修行。通过修行的方式来修行是指有意识地修行，进而加强心理暗示。

神　游

神游无法言喻，一旦有人试图表达，就会将其描述为某件事，这意味着只要这样做他人就可以进入与这件事相关联的状态。

为了让小孩停止哭泣，父母会将金黄的落叶当作金币逗他们开心，因此那些所谓的秘密举动或扭曲的姿势并非意味着什么都不做，而是无论做什么都顺其自然。

不想着选择或拒绝。顺其自然意味着不刻意地思考。

没有必要在日常生活之外进行特殊的修行。开悟与通常被称为知识的事物没有区别，不过是知识中存在着知者与被知物的对比，而开悟中则不存在。

两种弊病

1. 骑驴找驴；

2. 骑着驴，不愿意下来。

有的门派喜欢直线进攻；有的门派喜欢迂回。坚持某一战斗风格是门派中受束缚的地方。截拳道是一种获得自由的技巧，致力于开悟。武术从来不是装饰点缀。一种既定的方法，无论其要求多么严格，都会将学习者束缚在一个模板之中（战斗从不是固定的，而是时时刻刻都在变化）。固定模板基本上是一种阻碍。固定模板不仅会平添障碍，还会使得其难以理解，并且其追随者永远不会自由，因为战斗方式不会基于个人的选择和幻想。战斗无时无刻不在变化，只有不带偏见、不盲从、不武断，才能体会战斗的真谛。

截拳道喜欢无形，因此它可以呈现所有形式，因为它没有固定的模板，所以可以将任何流派的招式信手拈来。因此，截拳道会使用所有方法而不受约束，同样，它也使用所有手段来达到目的。在截拳道中，效率至上。

许多武术家喜欢"更多"，喜欢"不同"，不知道在简单的日常生活中所蕴含的真理和道，因此他们错过了这些东西（奥秘在你蓄意寻找时擦肩而过）。而身体也因为紧张无法施展出精妙绝伦的招式；精神上的理想主义导致其缺乏效率以及对现实的实际观察。

当实质与非实质未被定义，当没有变化的轨迹时，一个人就掌握了无形的形式。依附于某种形式或执着，绝不是正确的道路。当招式出乎本心、自然流露，就是道的显露。

不动的心

　　在格斗时不要过于谨慎，否则会束手束脚——一个人宁可前进绝不可后退。

五个重要观点

1. 至高真理不可说；

2. 精神修行无法培养；

3. 孤注一掷不可取；

4. 太多东西无法传授；

5. 一举一动中都蕴含道韵。

离开深山，走到普罗大众之中。

在了解到全貌后，再返回深山修行。

在完成修行（或者不修行的修行）后，一个人的思想就会超脱于所有表象，虽然停留于现象，但不执着于现象。

当人和他周围环境中的事物都被淘汰时——或者都没有被淘汰时——继续前进！

主 题

这是一个人寻求自己解放，回到最初的自由的故事。与过去西方"绝世枪手"的故事不同，这个人并不是为了打磨自己的工具摧毁对手；相反，他的侧踢、后踢、勾踢都是针对自己的。

正是因为有了自我，才产生了敌人。当你的头脑中没有任何想法（思绪活动）时，自然不会产生冲突与反对；没有冲突（一方试图"超越"另一方），自然就"无敌无我。"在最好的情况下，"工具"代表了直觉或本能的直接力量，与智力不同，它们不会分裂自己，堵塞自己的路。它笔直向前行走，从不左顾右盼。

武术家的基本问题为"思想停顿"。当他与对手进行殊死搏斗时会出现这种情况，他的思想会停留在思想本身或遇到的任何物体上。与日常生活中流动的思想不同，他的思想发生"停滞"，不再畅通无阻地从一个物体转移到另一个物体。此时，武术家不再可以掌控自己，他的四肢也不再以自己的方式表达自己。因此某人在思考意味着思想被占据，没有时间思考其他；然而，试图去除脑海中的思想不过是用其他东西填充进去而已！

归根结底，人应当是"无目的"的。所谓的"无目的"并非是指单纯的空无一物。其目的是不要被思维过程所束缚。精神本质上是无形的，没有任何"客体"能够停留其中。当精神中存在物体时，你的精神能量就会失去平衡；它原本的活动空间变得狭窄，不再流动。因此在思维流经的地方，会在某个方向上倾注过多精神能量，而其他方向则能量不足。能量过多的地方，其流动不受控制；而能量过少的地方，就会萎缩。无论哪种情况，都无法应对不断变化的情况。

处于"无目的"的状态时（即一种流动、空明或仅仅是日常状态），思想既不会容纳任何东西，也不会向任何方向流动；其超越了主体与客体，会无意识地对环境变化做出反应且无迹可寻。用庄子的话来说："最完美的人将思维当作一面镜子——不抓住任何事物，不拒绝任何事物；接受，但不执着。"就像水注满池塘，总是时刻准备流出。精神可以发挥其不竭的力量并且容纳一切，因为它是自由的，且空无一物。

真正掌握

在一家拥挤的日本小酒馆中，三名剑客坐在一起大声品评邻座的客人，想要刺激他提出决斗。酒馆掌柜似乎没有听到一般，但是当他们的评论越来越粗鲁与尖刻，他拿起筷子，唰唰地响了两声，直接夹住四只苍蝇。随后酒馆掌柜放下筷子，三名剑客见状，掩面而逃。

这个故事表明东西方思维模式存在差异。一般西方人会对人用筷子夹住苍蝇的能力感兴趣，但是并不认为这说明他战力非凡。但是东方人会认为真正掌握某种武功的人，其一举一动都会展示出他的心境。大师展现出的完整沉着表明其对自我的掌控。

武术亦是如此。对于西方人来说，指技、腿法、拳法等都是破坏与暴力的工具。实际上，这只是它们的两种功能。但东方人认为这些工具的主要功能是以自我为导向，去除自我的贪婪、恐惧、愤怒与愚蠢。

操纵技巧不是东方人的目标。他的拳脚指向的是自己，功成之时甚至可以成功地击倒自己。多年训练的目的是实现力量的放松与均衡，这一点十分重要，也正是三位剑客在酒馆掌柜身上看到的。

在日常生活中，大脑可以从一种想法或某个物体上移到另一处——"成为"想法而非"拥有"想法。然而与人交手处于生死关头之时，大脑往往会停止转动。这一问题困扰着每一位武术家。

千手观音是慈悲之佛，有时被描述为有着一千只手臂，每只手都握着不同的乐器。但如果她的大脑停止工作，专心使用矛，则其他999只手臂会全无用处。正是因为大脑不会停止使用手臂，而是从一只移到另一只，所以每一条手臂都有自己的用处。这一事例说明只要实现至高真理，即使是有一千只手臂也可以全都派上用场。

"无目的""空明"或"无招"，这些名词在东方经常用来形容武术家的终极境界。禅宗认为，精神本质上是无形的，没有任何"物体"可以藏身其中。当精神中包含任何物体，它就会失去自身的平衡。它原本的活动空间变得狭窄，不再流动，导致在思维流经的地方，会在某个方向上倾注过多精神能量，而其他方向则能量不足。能量过多的地方，其流动不受控制；而能量过少的地方，无法应对不断变化的情况。处于"无目的"的状态时（即一种流动或空明的状态），精神既不会容纳任何东西，也不会向任何方向流动；其超越了主体与客体，会无意识地对环境变化做出反应。

掌握真正的、超越任意形式的武术即对自我的掌握——通过自律变得冷静、清醒并且与自己周围的环境和谐相处。只有这样，一个人才能真正地了解自己。

武　术

武术与其他艺术一样，都是人表达自我的途径。有些表达方式有品位，有些表达方式符合逻辑，但大多数武术只是机械地重复某种固定模式。

这是十分病态的，因为生活即为表达，而表达必然是创造性的。创造从不陈腐，也绝非简单的重复。朋友，记住一点，所有的流派都是人创造的，因此人永远比流派更加重要。流派会约束人，但人应当成长。

因此，武术是一种从根本上展现人体运动方式的艺术。更重要的是，它是人们修身养性的一种方式。不错，武术展现了一个人——他的愤怒与恐惧——所有天然的情绪，我们都经历过，毕竟，一位"优质"的武术家可以在外界扰乱下保持本心。

这不是输赢的问题，而是在我们全身心投入格斗当中、尽我们最大努力的那一刻，我们问自己为何而活的问题。不管后果，只关注眼前。

因此一名武术家也是生活的艺术家。因为生活也是一个不断持续的过程，一个人应当在这一过程中不断变化并且清楚如何实现自己的价值、拓展生命的宽度。

求知路上的障碍

在漫长的武术史中，大多数武术家、教练和学员似乎都会本能地跟随与模仿。这一现象部分因为人，部分因为流派的模式（因此，当今要想找到一位令人耳目一新的、原创的老师是十分困难的）。自从有了研究所、学院、权威及流派化的导师以来，对于"指路人"的需求便得到了满足。

每一种流派的人都声称自己掌握了真理而排斥其他流派，这些流派凭借其对于道的解释而成立了研究机构，剖析刚与柔，并且将它们孤立开来，建立起有节奏感的形式，然后把这些形式当成其特定招式的功法。

所有的目标，除了手段之外全是幻觉，"成为"是对"是"的否定。由于错误的代代相传，真理成为法则或信仰，在求知的道路上设立了无数阻碍。无论何种方式，在本质上都是愚昧的，因为它将"真理"封闭在一个恶性循环之中。我们首要的任务不是寻找真理去打破这个恶性循环，而是先找到我们无知的原因。

第五章

表演中的自我实现

童年时期的李小龙

何为真正的演员

我认为——仅仅是个人之见——演员，和你我一样，首先是严格意义上的人，而不是"明星"这一迷人符号，毕竟这是一个抽象的词，是人们加在你身上的头衔。

但如果你偏信、享受这些追捧（是的，我们毕竟是人，某种程度上都会这样），并且忘记了一个事实：你那些曾经的"朋友"，当你不再是赢家的时候，他们会抛弃你，和另一位"赢家"做朋友。你有选择的权利（尽管选择要求你有自知之明，但这仍然是你的选择，你拥有这样的权利）。

二十多年的演员生涯，让我明白了一个道理：演员是奉献者，他十分努力地工作——拼命努力使得自己的理解能力足以支撑自己成为一名合格的自我表达的艺术家，无论是外表还是内心世界，都可以吸引别人。

许多人都知道我是一名武术家，选择做演员，并且通过日复一日地自省与身体锻炼（以我的方式）来挖掘自身潜力。但就我自己而言，我更希望做一名生活的艺术家。

演员应该拥有的东西

电影包含敏锐的商业嗅觉与创意才能，两者互为因果，缺一不可。

对于那些坐在办公室的电影公司老板们来说，演员不过是商品，是产品，只与钱有关。"能否大卖"是老板们首先要考虑的问题。票房就是一切。某种程度上来说他们是错的，但从另外的角度来说也没什么错。我稍后会讨论这一问题。尽管电影实际上是现实与浪漫的结合，但是对于一位演员——一个人——来说，被当作某种产品让人恼火。

一位优秀的演员，而不是平庸之辈，他实际上是一位"有能力的传递者"，可以将商业与艺术这南辕北辙的两者完美地融合在一起。普通演员，或者说平庸之辈有很多，但是想要培养一位精神上及心理上都"优秀的"演员绝非易事。正如没有两个完全一样的人，演员也是如此。

当今世界很难找到一位训练有素的优秀演员——这要求演

员真实地做自己。现在的观众都不蠢，演员不能简单地展示出他希望观众相信他在表达的东西。那仅仅是模仿或说明，而非创造，尽管这种肤浅的展示可以通过非凡的演技"表演"出来。

那么，何为优秀的演员？首先，他不是"电影明星"——这只是影迷们给的一个抽象名词，仅仅是个符号。不幸的是有很多人只想成为"明星"而非演员。对我来说，演员是他所拥有一切的总和——他对于生活的理解，他的品位、经历、感情、教育背景等——正如我所说，一切的总和。

其次，演员必须可以真实地表达自己，就像身临其境一样。演员不可自负，应当保持冷静，通过对外探寻以及深入的自我反省不断学习。奉献，绝对的奉献，是最重要的。

表演中的自我实现以及自我形象实现

电影业是商业与创意相互依存的产业，虽然商业似乎是一种趋势。我们希望演员是"传递者"，这样他们就可以成功将艺术与商业统一为一个整体。

平庸的演员并不难寻。武术中也是这样，训练一个会照猫画虎的人，让他在身体上以及心理上准备充分就已经很困难，而要寻找一位十分合适且有着忘我精神的武术家更是难如登天。

何为演员？难道不是他所有一切的总和吗？他的理解能力，他之所以可以吸引观众的注意力是因为他可以表达出真情实感。这种演员与普通演员站在一起如同鹤立鸡群。有个英文单词"charisma"意为"魅力"，你在屏幕上看到的就是一个演员的总和，他的理解力，他的品位，他的感情，教育背景等。

一个演员的心里话

这篇文章表达了我的真实想法、对于电影行业的个人观点以及作为一个人对演员这个职业的真实看法。最重要的是，我必须对自己负责，做的事情必须全部正确。剧本必须合理，导演必须有能力，我自己对角色投入的时间也必须充分，其次才是报酬。

现如今，对于电影投资人来说（我不得不承认电影是商业与艺术的结合体），演员不是活生生的人，而是一件产品，某种货物。然而，你作为一个人，有权利成为极品，努力工作让投资人看你的脸色。你对自己负有义务，做到自己能做到的最好，使自己成为最优秀的产品，不是最大或最成功的，而是最优质的——实现这一点，其余的都会随之而来。

所谓的"大明星"并不一定是优秀的演员。事实上，问题就在于有太多的人想成为明星而不是演员。这是社会地位的象征，也是一个幼稚的词。明星只会听自己想听到的，并且相信即使自己变得毫无价值，不再受追捧，那些"粉丝"仍然会支持自己。

第六章

实现梦想，要向内求

李小龙在拍摄《精武门》时的留影

我在香港写的第一篇文章

这是我写的第一篇关于自己的文章。它并不是通常形式的自传。然而此刻我想知道我是在为谁写这篇"拙稿",我必须承认我写得随心所欲。写作中还有一些最本能的冲动——当然我知道我并非被法庭传讯要说实话,但是我想这么做。

不可否认的是,我是一名公众人物。从一名说得过去的中国武术家忽然变成了演员。我并非有意如此选择,如果你说我虚荣,我也不会反驳你(你有你的权利)。不过请注意,我说的是演员,而非明星。难过的是有太多人想成为明星而非演员。

当我向观众展现我的演技时我感觉很棒。为什么?亲爱的,因为我一直在努力做到这一点,这意味着奉献,不断努力工作,持续地学习与自我发现,当然,还要放弃许多其他东西。

自我发现过程（一）

首先声明，这篇文章完稿并不容易。因为写人总是很困难，毕竟我们每一个人都很复杂。眼睛可以看到外部世界，却对内心世界束手无策。诚然，如果我是那种沉溺于营造幻想中的自己的人，那这篇文章会很容易，可惜我不是。我已经意识到自己迟早会写出赤裸裸的事实，写出自己的真实需求，重要的是真实，写出我们到底是什么；这才是一个纯粹的人。

在我年幼的时候，我就能够感受到某种渴望，渴望不断成长，一点点挖掘自己的潜能。我很久以前就已经真正理解自我实现与虚幻的自我形象实现之间的区别。通过我自己的观察，我确信绝对诚实以及直接的自我剖析可以带来真正的理解。

事实是，生活是一个不断发展、不断更新的过程，这意味着你是"在生活"，而非"为了生活而生活"。这是一种不能强行塞进自我构建的安全模式的东西，无法精确地控制或灵活地操纵。相反，要想成为我说的"高质量"的人就需要十分真实且有勇气成为自己。

现如今许多人与这一点背道而驰。他们通过确定自己在一个精密的游戏中构建起某种安全的日常模式，将自己置于日常保护中（只是一种心理安慰）。

数经起伏之后，我意识到自救是唯一出路。自救有很多形式：通过无选择的观察而自我发觉，当然，还有竭尽全力做事以及不屈不挠、执着的奉献精神；最重要的是，不要给自己设限，因为生活是一个不断发展、不断更新的过程。在我看来，变成真实且简单的自己是一个人的责任。

在这个世上有很多人无法触及问题的核心，他们只能从理智的角度出发（而非情感的角度）谈论自己将如何做。他们只会纸上谈兵而不会付诸行动。当然，也有很多人会或多或少做一些实事。还有不要经常说"你应该"。这是"应该"与"实际"的对比。你可以说我不属于任何流派，但我必须说明我的咏春拳师承于叶问先生。不久前我们一起喝过茶，尽管意见不同，但我十分尊敬他。无论发生什么，他都是我的咏春拳教练。

归根结底，这是我对一个名叫李小龙的人真诚的揭示——也就是说，他的武术（总是首先被提到），关于电影拍摄的观点，还有，李小龙是谁？他要去往何方？他希望发现什么？

想要做到这一点，一个人必须依靠自己的努力发现自己的无知，克服懒惰或绝望，尽力做到最好。

自我发现过程（二）

我不知道要写些什么，只是随心所欲地写着。如果这些文字可以表达出某个人的心声，激发他内心的情感，自然是最好不过。如果不能，也没关系。

绝大多数人对于那些威胁到他们日常规律生活的外来事物感到不舒服。为了获得安全感，他们构建起现有的模式，他们自己就是证明。

诚然，人类与低等生物不同，人类是有智慧的。一位武术家必须放下偏见、迷信、无知以及所有类似的东西——这是一名优秀武者的基本要素，不要自降身份，将马戏留给马戏团的演员自己看吧。从精神上来说，这意味着你要成为一个对武术保持热情并且没有偏见的人。

自我发现过程（三）

　　这篇文章包括我对武术、表演以及生活的看法。当然我会记下在课程中闪现的灵光，以及此刻我对这篇文章的感受，我觉得这篇文章可以实现与他人的高效沟通，因此我将它写出来。我相信大多数人不喜欢未知，并且认为我们与低等生物不同，我们拥有智慧。

　　但问题在于，有些人只有自我，但更多的人一无所有，因为他们将自己宝贵的创造力浪费在了无谓的事情上——他们将自己塑造成"我应该是一个什么样的人"，而非不断挖掘自己的潜力。这是一种"存在"与"拥有"的对比——我们并非"拥有"思想，我们"正是"思想本身。我们正是自己。

　　一旦得到答案，我想知道我们之中有多少人真的会不厌其烦地重新审视所有这些所谓的现成答案，没人知道这些答案在我们嘴边已经挂了多久。或许从我们初次展示出学习能力时就已经存在。没错，我们拥有一双眼睛，它的作用是观察、发现等。然而很多人根本不知道观察的真正含义。我必须承认，当我们用眼睛观察他人不可避免的错误时，大多数人都会迅速地做出谴责。

因为批评以及诋毁他人很容易，但是了解他人或许需要一生的时间。毕竟，学识渊博并不意味着自知。

自我发现过程（四）

归根结底，你正是自己本来的样子，在不断成长为一个"真正"的人的过程中，诚实起着至关重要的作用。

在我年幼之时，"品德"这个词就对我意义重大。不知何故，我清楚这一点，并且朝着这一方向努力，并且十分放心，因为它就在那里，不来不去。终于有一天，你会听到人们说："看，他的品德多好，这就是一个真实的人。"我感到欣喜若狂。

在生活中，你只能要求真实。你应当挖掘自己的潜能而非将精力浪费在构建虚幻的自我形象上，那毫无意义，只会白白地浪费你的精力。想要成长，想要发现，我们就必须参与其中，这是我们每天都要经历的，有苦有甜。无论如何，你都应当跟随内心的光的指引走出黑暗。

我必须承认我写的是脑海中忽然出现的事情。或许有些不连贯，但是，去他的，我不在乎。我以我笔写我心。我希望我们可以产生共鸣，那一定很酷。如果没有，我也无可奈何。

　　众所周知，我是一名武术家，也是一位演员（这对我来说是一个富于表现力的自我表达或者是对自我的认识），但我每天都让自己成为一名生活的艺术家。毕竟，所有的术同根同源！你可以自由选择在哪一方面发挥你的潜能。所以，什么是你"生命的质量"？我选择武术，那是我的最爱。

自我发现过程（五）

任何关于人的文章，关于人的所思所想，其写作过程都十分困难。而有意义的写作更加困难。如果这还不够艰难，那么我告诉你，我正处在电影《猛龙过江》的筹备期间，这是一部康科德与华纳兄弟合拍的电影，还有另一部由康科德公司出资的电影《死亡游戏》也仅仅完成了一半。我的确十分忙碌，但是这篇文章值得我抽空完成。如果我可以和某人想法一致，将不胜荣幸。如果没有，也没办法。

当然，如果我放纵自己沉迷于幻想中的自己，这篇文章的质量就可以降低。但我不允许自己这样做。我就是现在的我。我知道我没有被强制要求要说实话，但我对自己如此要求；这是一个人最起码的素质，也是使得文章有意义的要素之一。

我是一位武术家，选择投身电影行业做一位演员，但是最重要的是，我致力于成为一名生活的艺术家。没错，自我实现与自我形象实现之间是有区别的。

　　大多数人只为自己的形象而活；这就是为什么有些人把自我作为起点，但大多数人一无所有，因为他们忙于竖立起各种形象。他们将自己的精力浪费在竖立形象或想象之上，而不是集中能量来挖掘自身的潜力，也没有将精力花在有效沟通等事情上。当人看到一位自我实现的人走过时，他会情不自禁地说："我终于见到了真的人！"

　　我知道大家都认为我们是智慧的物种，然而我想知道自从我们获得学习能力与领悟能力以来，我们之中有多少人质疑过一直挂在嘴边的现成答案和事实。

　　虽然我们都长着一双眼睛，但并未理解观察的真正含义。在无选择意识下的真正观察会带来真正的发现，而发现正是挖掘自身潜力的手段之一。

自我发现过程（六）

在我年幼之时，我就有某种本能的渴望，渴望拓展自己，不断成长。对我来说，一个人，一个优秀的人（这里我所说的不包括那些不十分了解生活的人），他的功能与职责是真诚地挖掘开发自身潜力并且"自我实现"，而并非自我形象实现。尽管有些难以启齿，但在很久之前，我也曾沉迷于自我形象实现而非"自我实现"。

十年来，我发现了另一种品质。我通过个人经历以及专注的学习发现最好的救助是自救，也只有自救。尽自己最大的努力，全身心投入到任务中，没有终点，只有持续不断地自救。

这些年我做了很多，已经放弃自我形象实现转而迈向自我实现，从盲目地追随广为人知的、有组织的真理，转而向内心寻找无知的起因。我仍然一如既往地勤奋。

自我发现过程（七）

写任何一篇关于我自己是如何感受、思考及表达的文章都是十分困难的，因为我——李小龙，一直在学习，在不断地探索与成长。

所有流派的武术都一样，是个人灵魂不受限制的运动表达。当然，它也意味着日常闭关式的身体训练，以保持或提升一个人的身体素质。然而，武术也是一个人赤裸灵魂的展现。那才是我感兴趣的。

不错，比起刚开始习武时，我的身手已经取得了巨大的进步，但我仍在成长，仍在不断地自我发现。生活就是在创造中表达自己，而创造绝不是固定不动的事物。

因此我希望我的武术同仁们可以开诚布公，祝愿他们自我发现之旅一路顺风。

充满激情

只有彻底了解自己，我们才能了解他人。

缺乏自我意识使我们变得空洞，而一个了解自己的人不会如此空洞。

同情心比公正的规则更能保护我们不受伤害。

我们更愿意相信我们模仿的东西而非创造的东西。我们无法从那些自己创造的事物身上获得绝对的安全感。最强烈的不安全感来源于孤独；当我们模仿他人时，我们就不再孤独。大多数人都是如此！我们是他人嘴里的模样，主要通过道听途说了解自己。

摧毁他人精神会比征服他更能带给我们力量感。因为我们今天赢得某个人的心，可能明天就会失去它。但是当我们成功使他精神崩溃，最终的目的就达成了。

恐惧来源于不确定。当我们确定自己有价值或者分文不值时，就不会再恐惧。因此即使是一文不值的感觉也可以成为勇气的源泉。

我们绝大多数人渴望成为他人手里的工具，这样我们就可以推卸某些鲁莽行为产生的后果。成为他人的工具之后，强者与弱者都找到了说辞。后者以服从的美德掩盖了自身的恶意，他们因为必须遵守命令而做出那些不光彩的行为。而前者也以自身被更强大的存在——上帝、历史、命运、民族或人类当作工具这个理由来要求获得赦免。

当我们绝对无助或绝对强大时，一切似乎都有可能发生——这两种状态会使得我们容易受骗。

骄傲是一种价值感，它来源于我们身体之外；而自尊源于自我的潜力与成就。当我们感到骄傲的时候，其实是我们通过想象中的自我、引导者、神圣的事业和集体来实现对自我的认同。骄傲中包含着恐惧与偏狭，它很迟钝，而且绝不妥协。能力越小，就越骄傲。骄傲的核心是拒绝接受当下的自己。然而当骄傲释放出能量并且转化为成功的动力时，也会带来与自我的和解以及真正的自尊。

我们获得价值感的方式包括自我实现、一直忙碌，或者与其他自我之外的事物联系起来——事业、领导者、团队、财产等。三者中自我实现的道路是最困难的。只有当其他途径行不通时才会采取这种方法。必须鼓励人才做创造性的工作。他们的呻吟与哀叹声在忙碌的时光中回荡。

行动是通往自尊与自信的必经之路。所到之处，所有的能量都会流向它。对于大多数人都很容易，而且其回报看得见摸得着。但是精神的培养难以捉摸且十分困难，而且很少会自发进行。当行动的机会很多时就会忽略文化创造性。随着西方的开放，新英格兰的文化繁荣几乎戛然而止。罗马人的文化贫瘠也许可以归咎于罗马帝国而非天生缺乏天才。最优秀的人被行政岗位回报所吸引，就像美国最天才的人往往被商业回报所吸引一样。

当一个有个性的人从"他无法掌控的自由"中挣脱出来，并且通过努力证明自己的存在时，一个重大的进程就开始了。自主的个体努力实现自我命运证明自己的价值，这样就创造出一切伟大的东西，艺术、音乐、科学以及科技。而这自主的个体，当他既不能实现自己，又不能通过自己的努力证明存在的价值时，就会感到受挫，这也是动摇我们世界根基的种子。个人只有在拥有自尊的情况下才是稳定的，而维护自尊是一个持续的过程，需要耗费所有的能量以及心力。我们每天都必须重新证明自己的价值以及自我的存在。无论何种原因，自尊一旦不能实现，个体就会变为高度易爆的实体。他会放弃没有希望的自我，转而变得骄傲——自尊的爆炸性替代品。所有社会的动荡不安都源于个人的自尊危机，而那些群众迅速团结的伟大事业基本都是为了寻求自尊。

过度行动是内在失衡的症状。张弛有度才是平衡之道。行动如同游泳运动员为了维持平衡摆动手臂。如果这是真的，就像拿破仑写给卡诺的那样："管理的艺术就是不让人们生锈。"那么行动就是一种不平衡的艺术。集权主义社会与自由社会之间最大的区别可能是前者通过一种不平衡的方法使人们保持积极奋斗。

我们一直被告知人才会自己创造机会。但有时，强烈的渴望似乎不仅创造了机会，还会创造自身的才能。

剧烈变化的时代是激情的时代。我们永远无法适应全新的事物，因此必须自我调节，而每一次彻底的调整都是一次自尊的危机：我们要证明自己就必须接受考验。因此遭受剧烈变化的群体是不适应的群体，而他们的生活和呼吸都充满激情。

我们热情地做某件事并不意味着我们真的想要做成它，或在这件事上有着特殊天赋。通常我们热衷追求的东西只是我们真正想要但却无法拥有的东西的替代品。可以预见的是，实现自己过度珍视的欲望不太可能平息我们的焦虑。在每一次充满激情的追求中，过程比结果更重要。

谦卑不是放弃骄傲，而是用一种骄傲代替另一种。

值得怀疑的是，是否存在冲动或天生的宽容。宽容需要思想的努力以及自我控制。善良的行为也很少有未经深思熟虑的。

这样看来，某些装腔作势与伪装似乎与我们的欲望、自私或态度相关。因此我们应当小心那些认为没有必要装作正人君子的人。因为在这些事情上不会伪装则意味着一种最彻底的无情。（伪装通常是变成真诚的一个重要环节。它是真诚从流动状态变成凝固状态的一种形式。）

对自我的控制与打开保险箱一样，一次性转动按钮很少能打开保险箱。每一次进退都是朝着目标迈进。

低调是骄傲的原因之一。低调与高调扮演着相同的角色：无论高调或低调，我们都在伪装。高调是创造一个想象的自我，而低调则给我们一种扮猪吃老虎的令人兴奋的感觉。两者中，低调更困难也更有效，因为自我反省之时，高调会滋生自卑。正如斯宾诺莎所言："人最难管的是舌头，说话比欲望更难克制。"

想要与众不同，我们就必须了解我们到底是谁。无论是耍个性而伪装自己还是发自内心要改变——没有自我意识都无法实现。值得注意的是，那些对自我最不满意、最渴望改变自己的人，往往自我意识也小。他们已经远离那个最不想要的自我，因此从未审视自己，哪怕一眼。结果就是那些最不满意自己的人既不能掩饰自己，也不能真正改变自己。他们的结局显而易见，就是在自我感动中持续做无用功。

第七章

李小龙写给朋友们的信

李小龙在电视剧《青蜂侠》中饰演加藤

生活的真正意义——心安

给曹珍珠的信

亲爱的珍珠：

这封信可能有些难以理解，因为它包含着我的梦想以及我的思维方式。总的来说，你可以称它为我的生活方式。这封信让我很困惑，因为我不知道该如何写下我的真实感受，但我还是写了，因为我想让你了解我。我会竭尽所能地写清楚，同时也希望你怀着开放的心态读这封信，在你全部读完之前不要急着得出任何结论。

想要活得精彩有两种方式。一种是努力工作，另一种，则是依赖丰富的想象力（当然也需要努力）。劳动以及节俭会带来收入，但是财富是对那些想他人未能想的人的奖励。在各行各业中，创意一直都是美国所追求的。创意造就了美国，而好的创意会成就一个人的梦想。

功夫是我生活的一部分，它对我性格以及思想的形成产生了巨大的影响。我将功夫视为一种体育文化，一种心理训练的方式，一种自卫的手段，同时也是一种生活方式。功夫是最好的武术。然而，柔道与空手道作为中国功夫的衍生品，目前却在美国大行其道。之所以会这样，是因为目前美国还没有人听说过这种至高的术，也没有真正有能力的老师。我相信我多年的训练足够支撑我成为第一位合格的功夫老师。我还有很长的时间可以用来完善我的技术以及性格。我的目标是建立第一所功夫学校，使得功夫在美国生根发芽（我给自己十到十五年的时间来完成这一目标）。

我这样做的动机并不仅仅是为了赚钱，还有其他动机：让全世界都知道中国功夫的伟大之处；喜欢教书以及帮助他人；想让我的家人衣食无忧；想要创立些什么；最重要的一点是，功夫是我自己的一部分。

我知道自己是对的，因为我一定能取得令人满意的结果。因此我并不担心回报，只是启动命运的机器来实现它。我的贡献与我的回报一定成比例。

在电气天才查尔斯·P. 施泰因梅茨博士去世之前，有人问他："你认为在未来25年内哪种科学会取得最大的成功？"他思考了4分钟，干脆利落地答道："精神实现。"当人们意识到自己内心的伟大力量并且开始将它们应用在科学、商业或生活当中时，将会取得无与伦比的进步。

我能感觉到内心有一股强大的创造力以及精神力量，它比信念、野心、信心、决心以及远见更加伟大。它是这一切的结合。我的大脑被我手中的能力吸引。

当你将石头扔进水池，水面会泛起涟漪，直至扩散到整个池塘。这一过程就像我给自己的想法一个明确的行动计划。现在，我将自己的想法投射到未来，就可以看到前方的路。我一直有自己的梦想（记住，真正的梦想家绝不会放弃）。我现在可能只拥有地下室的一小块地方，但是当我发挥想象力，头脑中就会出现这样一幅画面，一个个五六层的功夫学院遍布全美。我不会轻易气馁，我会想象自己克服障碍的场景，我会战胜所有困难，实现"不可能实现的"目标。

无论是否是神的指引，我都感觉到某种巨大的力量，某种尚未开发、充满活力的内心力量。这种感觉无法言喻，也没有任何经历可以与之媲美，就像是有着强烈情感的信念，但是要比那更强烈。总而言之，我的计划以及行动目标是找到生活的真正意义——心安。我知道我提到的所有事物不一定能让人心安，但是如果我致力于真正的自我成长而非无谓的战斗，那么就有可能获得心安。道和禅中包含的超脱是有益于实现心安的。

或许，人们会说我太看重成功，其实并没有。如你所见，我的意志来源于我知道自己可以成功。我很坦然，因为内心没有恐惧与疑问。

　　珍珠，成功只会眷顾那些有成功意识的人。如果你抱定信念那么你要怎样实现它？

致以亲切的问候

龙

利用你的经验与想象力

致木村武之

武之：

我已经将太极挂图邮寄给你。包裹里还有一件我送给你的唐装。正如我所提到的，我刚从奥克兰回来，詹姆斯·李会寄给你一个带有负重的练习器械。

首先，我想要你牢记一个最重要的教学原则——简练形式。遵循这一原则，你永远不会觉得有必要增加　些所谓"迷人的"技巧来吸引学生。

我会举例解释何为"简练形式"。这一原则也可以应用于任何技术的传授。结合"技术的三个阶段"（1、自我同步；2、与对手同步；3、在实战中应用）的理念，该教学计划不仅提供了源源不断的教学内容，也是对所有学生来说最有效的教学计划。

我在洛杉矶进行过试验，无论每次展示的内容有多少，学生一直都很感兴趣，因为他们必须去除额外的动作并且感觉良好。好的，让我们再回到"简练形式"这一概念。

我将以"拍手（咏春拳的一种手法）"为例说明这一概念——首先，"简练形式"意味着所有动作都是从起手式开始；其次，拳法首先动手（步伐跟随），腿法则是腿先动。

为了加强上述"两个理论"的印象，我们可以先以手接触的方式练习拍手——换而言之，站成摆桩姿势触碰到对方的手——尽管在实战中不会出现这样的情况；然而，这种手接触的方式可以保证初始阶段的正确形式——简练形式。

每位学员必须以摆桩的姿势干脆利落地发起进攻。这是一个被忽视的最重要的基本理论。如果学员在"拍手"（或任何其他技巧）时有任何多余的动作，在返回手接触时的位置时，他就要最大限度减少不必要的动作。你会看到，为了掌握"拍手"的姿势，必须掌握手接触时的动作。不仅如此，学员还必须返回手接触时的姿势以提醒自己减少不必要的动作。

把距离拉大拍手要更加困难——没有任何指定的动作，一个人必须先用手，再用脚，渐进和谐地向前移动——难怪没有人用拍手来交手！现在你明白何为要采用简练形式了吗？就这一个理论就需要大量时间来完善，更不必提之后的"技术的三个阶段"。也就是说，在学会长距离拍手之后，你必须用腿来弥补与对手之间的距离，这样才可以安全地靠近。

遵循上述建议会给你带来无限的教学课时。当然，你必须用已成熟的路子去练习，不断重复臻至完美。如果你按照我说的去练习并且遵循简练形式——你的速度与技巧将提升一倍。

我希望我已经在你的脑海中印上了截拳道最重要的原则——坚持练习我教给你的东西，不断变化形式，不用担心学生想要学的东西越来越多而离不开你，如果他们真正掌握了你所教的东西，他们就不会那样做。

记住：台上一分钟，台下十年功。当然，利用自己的经验与想象力你会做得更好。

我相信你。

小龙

我是谁?

致李峻九（一）

峻九:

随函附上查克·罗礼士的广告。这是最近的一封,之后的广告我也会为你留着。此外,我还有一些其他类似性质的广告,可能会有所帮助。

我是谁?

我是谁?

这是个古老的问题。

每个人都曾

如此疑问。

尽管镜子里的脸

无比熟悉，

尽管他知晓自己的名字

年龄与过去，

但内心

仍充满疑问，

我是谁？

我是巨人，

万物的主宰，

抑或无用的侏儒，

只会笨拙地绊倒？

我是自信的绅士，

保持常胜的姿态。

也是天生的领袖，

能迅速结交朋友。

怀着颤抖的心，

偷偷避开人群。

是谁，挂着僵硬的微笑？

像黑暗森林中的小孩

不断颤抖？

我们渴望是绅士，

害怕成为孩子。

好在

我们可以如愿以偿。

那些

培养自己天性的人，

将目光定格在好的

令人钦佩的

优秀的人身上，

坚信他们可以做到。

信心会得到回报。

其间他们会质问，

镜子里的人

究竟是谁。

你是哪种人？

怀疑者说，

"人不会飞。"

实干者说，

"或许吧，但我想试试，"

最终他展翅翱翔

沐浴着晨光，

生活的艺术家

那些怀疑者们

只能抬头仰望。

怀疑者宣称

这世界是平的。

船向远方驶去，

带回了真相。

实干家们

发现全新的世界，

将真相带回故乡，

证明地球是圆的。

怀疑者们知道，

这就是事实。

"当然，没有任何嘈杂的玩意

可以替代马。"

实干家的火车

没有马，

却准时到达

我们的道路。

那些一直说着

"这不可能"的人，

永远不会赢得荣誉。

那些心怀希望，

着手去做的人，

那些怀疑者们一直远望的人，

会获得最终成功。

最后，请允许我告诫你，消极情绪常常在不知不觉中席卷而来。但它有时会帮助你停下所有胡思乱想（脑海中的担忧、期望等），然后再次振作起来，勇敢地前进。

正如保持健康有时需要服用苦口的良药一样，想要做我们喜欢的事往往要接受我们不太喜欢的事物。请记住，我的朋友，重要的不是发生什么事，而是你如何应对这些事。

你早已准备好。我知道无论如何你都会赢。忘记那该死的鱼雷，全速前进！记住我这个中国人说的："时势算什么？英雄造时势！"

祝你平安顺遂

李小龙

把绊脚石踩在脚下

致李峻九（二）

峻九：

我在洛杉矶向你问好，和美国其他地方一样，洛杉矶的生意也不太好。不要误认为我很悲观，尽管事实就是如此，但是与其他人一样，我可以选择如何应对。我问你，峻九，你会让困难变成你的垫脚石还是放任消极、担忧、恐惧等情绪占据你的身体，让困难成为你的绊脚石？

相信我，欲成大事必定会经历挫折，重要的是你如何应对挫折，而不是挫折本身。在你自己认输之前，你绝不会输！

朋友，想想过去，想想那些令人愉快的、有价值的、令人满意的事。至于现在，机遇与挑战并存，你的才能与精力一定会带来回报。至于未来，未来你会实现你所有的雄心壮志。

你有一种在担心与期待中浪费大量精力的倾向。我的朋友，请记住，享受你的计划与成就，因为生命不应当被浪费。

自印度之行之后，我的后背已经好多了。《无声长笛》仍在华纳兄弟公司播出。我们在等待下一步的消息，十天之内就会有结果——获批的新预算，安排下一次的采风等。除了《无声长笛》，我将在下一季的新电视剧《长街》中客串。我还将拍摄另一部电影（三位主角中的一个），如果有好消息，我们也将在十日内知悉。

当然，最重要的是我现在想做点什么！所以我萌生出电视连续剧的想法，数周之内就可以构思完成。与此同时，我还在构思另一部在香港拍摄的电影（中国电影）。所以赶紧行动吧！行动！不要把精力浪费在担忧或那些消极的想法上。我是说谁的工作还能比我更不稳定？我靠什么生活？我相信自己的能力，我会成功。我的背伤让我这一年都不顺遂，但每一次逆境都会带来新的转机，因为逆境会提醒我们不能穿新鞋走老路。暴风雨之后，一切都欣欣向荣。

所以请记住，被忧虑困扰的人不仅缺乏解决问题的能力，他的紧张易怒还会给周围的人带来新的问题。

我只能说，不要管那该死的鱼雷，全速前进！

这是一个背部扭伤但是却发现了一种强力踢腿方法的武术家给你的忠告！

李小龙

一切都在心境之中

致拉里·哈塞尔

亲爱的拉里：

髋关节的伤势如何了？我希望你能好好照顾自己。

这个月底我会参加一个电视节目，名字叫《长街》，是今年秋天的一部电视连续剧。我要参加的这一集名为《拦截拳头的方式》。

《无声长笛》没有进展——不过只是时间问题。我在制作一部关于武术的电视剧，希望可以成功——会让你知道的。

我会登上下一期《黑带》杂志的封面。推荐你读一读，会很有趣。

虽然从未见过你的家人，但请代我问好。

照顾好自己

李小龙

如果你认为自己败了，你已经败了。

如果你认为你不敢，你确实不敢。

如果你想赢，但你认为赢不了，

那你一定会输。

如果你认为你会输，那你必不会赢。

因为我们发现，

成功源于意志，

全都取决于你的想法。

如果你认为自己被超越，

那你确实已经被超越。

你必须振作起来才能进步。

你必须相信自己，

在你获奖之前。

人生的战斗并非总青睐于

强壮或迅速的人。

但是迟早

会属于

相信自己的人！

艺术存在于绝对自由之地

致约翰

亲爱的约翰：

你真的是一针见血。我从配音室回来后就一个字——忙！

尽管相处的时间不长，但是我可以感受到你的诚意，我给你的答复如下：我没有足够的时间教你，但是如果时间允许的话，我愿意向你诚实地"展示自己"，充当你的灯塔。

我的经验或许会帮助到你，但是我坚信，武术——真正的武术——是无法传授的。此外，武术从来不是装饰品。相反，它是一个不断成熟的过程（从某种意义上来说我还未达到）。

约翰，等我们什么时候有机会一起探讨武术，你就会发现我俩的思维方式完全不同。毕竟，武术是获得"个人"自由的手段。你的方式不是我的，正如我的方式也不是你的。

因此，无论我们能否相聚，请记住，艺术存在于绝对自由的地方。所有的训练都毫无用处，如果头脑完全不清楚自己要做什么，随着"自我"的消失，截拳道的艺术会达到完美的境界。

我现在要上床睡觉了，因为明天要早起工作以及训练。这封信是给我的武术同仁的简单提示。

"成为的过程"。

李小龙

第八章

诗与远方

年轻时的李小龙是个追求时尚的人，
骑摩托车是他的爱好之一

雨，乌云

雨，

乌云，

花朵凋零、月光苍冷，

鸟儿匆忙飞过，

孤秋已然到来，

我想是时候说再见。

天上的云四处飘零，

眨眼间便已远去，

却又纠缠在一起。

说了很多，却

仍未表达出万一。

你我或许会许久不见，
但请记住，记住
我一直在牵挂着你。

美好时光难再回。
当——我们再相逢。
白昼短暂，黑夜漫长

读这首《我离开你》，
当你的世界无人可言，
或当你烦躁不安。

你我或许会许久不见，
但请记住，记住
我一直在牵挂着你。

日落西山

日落西山
将天地染成了金色。

云海之上，孤零零的山顶，
一条金龙盘踞其上，
目睹梦想在明亮的西方消逝。

残　阳

太阳在地平线上苟延残喘。

秋风无情肆虐；

秋叶随风飘零。

山顶上，

两股山泉依依不舍，

一条往东，一条往西。

明天太阳会照常升起。

春天枝头会再次染绿。

我们为何要学这山泉，

永生永世地分离？

爱是燃烧的友情

爱是燃烧的友情。
开始时是火焰，
美丽，炽热，猛烈
却空有光亮和摇曳。

爱意增长，心也成熟
它就成了炭火，
深沉且永不熄灭。

再一次拥你入怀

当我再一次拥你入怀，

我便又一次迷失，

迷失在我的天堂。

此刻你我在一艘金色的小船上，

荡漾在波光粼粼的海面，

离人世很远，很远。

海浪围着我们跳舞，

我也雀跃不已。

太多理性扼杀了我的本性。

太多光线眩晕了我的双眼。

太多真理震惊了我的心灵。

尽管障碍重重，

爱仍在你我之间。

想要将污垢从泥水中搅出

是无用的，

只会让它更浑浊。

不要理它，

如果注定清澈，

终将自己澄清。

溪流四散而去

溪流四散而去
终将汇入大海；
来自孤岛的溪流
也会流向孤岛。

金银卵石错杂，
海藻海带交织。
山雪化成溪流
终将成为浪花。

棕色的海岸线
在波浪的心跳中
被不断拉扯。

来自山顶的波浪

变成锤子，雕刻岩石，

形状分明，表面光滑。

从巨石到碎石，最后粉碎。

太阳最后一搏

把光线抛向岸边。

疲倦的水母

依偎在池塘里。

荡舟在华盛顿湖

我生活在梦境之中，
恍恍惚惚。
独自坐于船头
任船儿随波逐流。

天蓝燕双飞，
水碧鸳并游。
我斜倚在桨上。
水很远，
天很远，
爱人也很远。

太阳熊熊燃烧冲向地平线，

生活的艺术家

落日的余晖遍布四野。
落日应当是平和的，
但是夜晚
那柔软而又无形的情感纽带，
只会平添我的苦楚。

一轮明月从湖中升起，
银光倾泻在大地上。
我看着湖水，清澈如夜。

当云朵飘过月亮，
仿佛漂浮在湖面上，
我飘荡在空中。
突然间想到了你——
你映入我的心里。

湖面归于平静，
听不到一点波浪的细语。
卧在船上，
我尝试着进入梦乡。
那个有你的地方。

唉，它没有来。

黑暗中只有一点火，

那是远处船只的灯光。

刹　那

一刹那
周围寂静无声。
时间静止。
梦境成真。

漫步在华盛顿湖边

河岸上的风,

凉爽而温和。

远处水天交汇,

不过是夕阳的一道红痕。

湖水沉寂无语,

抚平我所有喧嚣。

沿着寂寞的河岸

我缓缓前行。

受惊的青蛙慌忙逃窜。

小屋星星点点,

炫目的水珠挂在屋顶。

月光穿过天空深处，

照耀在我身上。

我慢慢走向武室。

身体灵魂合而为一。

夜　雨

我坐在高塔里
熬过漫漫长夜，
听着秋雨
落在我的窗外。

窗外无人，
只有迟到的旅客匆匆。

穿过黑暗的天堂，
野雁在寒冷的黑暗中
孤独地飞翔。

蟋蟀叽叽喳喳。

| 生活的艺术家

雨水恋恋不舍

从树上滑落。

花瓣在雨中

悲伤地奔向大地。

悲伤

笼罩了世界。

我不敢去花园散步，

怕打扰蝴蝶。

在阳光下

花丛中

翩翩起舞。

我们的亲密无间就像一场美梦

我们的亲密无间就像一场美梦

很甜，甜得发苦，

此情只应天上有。

现在就像一个你将会消失的梦。

只有在梦中我们才会重逢。

梦中我们可以重新来过每一天，

七月，八月，九月。

亲爱的，请到梦中与我相会，

我们可以重新来过每一天，

在绿茵茵的草地上。

纸短，

情长。

我将你从脑海中挥去，

你又进入我的心里。

请记住，我一直在牵挂着你。

哦，不知何时，才能并肩漫步。

手牵着手。

你和我？

周围寂静无声

周围寂静无声。

时间忽然静止。

轻轻地，你伏在我的臂弯。

人难得百岁，

却常有千年的悲伤。

昼短夜长之时，

为何不在月光下漫步？

月亮明亮，月光洁白，

孤独地照在我的床边。

躺在床上久久地思考，

悲伤折磨着我，辗转反侧，难以入眠。

生活的艺术家

披上衣服，四下闲逛。

星星变得暗淡，

望着明月，我独自彷徨。

与谁人诉说我的悲伤？

美好时光一去不回。

再耐心等待一会儿，我们便会重逢。

我焦急地把车停在路旁，

犹豫不决，手牵着手。

天上的云四处飘零，

眨眼间便已远去，

却又纠缠在一起。

花瓣静静飘落，鸟儿一展歌喉。

从此刻开始，我们会分开许久，

让我们再多待一会儿。

正如山上的溪流，我们聚散匆匆。

一切都静止不动，

唯有几声犬吠远远传来。

春天到了

春天到了，

夜晚的某个地方，

琵琶声声。

它歌唱着青春、欢乐，

还有爱。

但它对我又意味着什么？

当我牵挂着

远隔千里的你。

我看到的

独自一人默默地走着，
天空中两只逃窜的鹦鹉
因害怕渔夫而坠落。

两条鱼在游泳：
一白，一金。
篱笆上，
粉红色玫瑰探向太阳。

花丛中两只蝴蝶飞舞。
或许它们知晓自己去哪，
但它们不知道如何去。

蜂 鸟

光线从东方而来，好像紫色飞箭。

蜂鸟开始飞行。

他欣喜地穿过紫色天空，

寻找着可爱的粉色玫瑰。

在山顶，

远离尘世的地方，

他发现粉色玫瑰在等待。

山顶上，

他静静地在玫瑰上方盘旋，等待。

等待黎明从紫色变为金色。

日薄西山，

是时候道再见。

蜂鸟不情不愿，

飞到玫瑰上方，

盘旋三圈，

便返回巢穴。

在东边，很远，很远。

透过窗户我看到

白昼深红，

暗夜银白。

我孤独地在房间里没有声响。

又有谁知道，整晚躺在床上的我

没有生病，

也没有睡着？

一秒漫长，像一个小时，

一个小时则像一整夜一样漫长。

当我躺在床上，

等着太阳升起。

哦，但愿我可以变成一只蜂鸟，

眨眼间就飞到你身边。

我做了一个美梦，

我不再是蜂鸟。

而她，也不是粉色玫瑰。

不再有中午与夜晚，

永远都是早晨。

我多么希望有一天，

梦境成真。

霜

年轻人，
属于你的一分一秒
一定要抓牢。

时光飞逝，
很快
你也会衰老。

如果你不相信，
去看看，院子里
白霜似雪
冷漠无情
爬满草地

那里曾经鸟语花香。

还不知晓?

我们是同一棵树的分杈。

你高兴,

我欢笑;

你难过,

我哭泣。

爱啊,

能否让你我的生活

从此不一样?

落　叶

风和雨在嬉闹。
窗外的花园里
一片黄叶
紧紧抱在母枝身上。

我拾起落叶
将它夹在书里，
给它一个家。

尽管黑夜为爱而生

尽管黑夜为爱而生，
白昼来得太早。

时光飞逝，却充满希望，
尽管她已远去。

思绪纷纷杂杂，
但关于你，
一直埋在我的心里。

沉默的长笛

我不想占有别人，

也不想被人占有。

我不再渴望天堂，

更重要的，不再害怕地狱。

医我的药

从开始就在我手里，

但我没有咽下。

我的病来自我自己，

但我从未察觉，

直到此刻。

我忽然明白光明不可寻，

除非，像蜡烛一样，化作燃料，

燃烧自己。

你走之后

日落西山；

告别曲终；

人亦散。

倚在檀木桨上，我出神地望着湖面，

天，变得很远。

人，仿佛更远。

你走之后，我已分不清你是远是近，

我只知道世界失去了色彩

我的心因为渴望喘不过气来。

倚在枕头上，

我尝试进入梦境，有你的梦境。

唉！我难以入眠，只有昏暗的灯光与阴影交织。

船顺着静谧的河流而下，
途经岸边的果园。

我将我的诗留给你。
读它们吧。
当你的世界无人可言，
或当你烦躁不安。

为了划船
我们等待太阳落山。
微风拨动了水面
还有那睡莲。

在岸边，
下着樱花雨，
我们瞥见了漫步的恋人。

强烈的欲望驱使着我。
我渴望告诉他们我的激情。

唉，我的船渐渐漂远

与河水一起。

我悲伤地回首着往事。

燕子双飞，

它们总是成对出现。

当看到玉塔

或是漆亭。

它们从不形单影只。

即使是发现大理石栏杆

或镀金窗户，

也绝不分开。

船顺流而下，

天空乌云密布。

我看着水

清澈如夜。

当云朵飘过月亮，

仿佛漂浮在湖面上，

我仿佛飘荡在空中。

我想到了我的爱人——

你映入我的心里。

离　别

谁知下次见面是何时。
或许几年
或许永远。

拿起一块黏土，
弄湿它，拍打它，
捏成你我的样子。
然后将它们粉碎，
再用水，
把它们揉捏。

用黏土重塑
一个你，一个我。

你中有我，

我中有你。

没有什么可以将我们分离。

活着，彼此思念。

死后，亦当同眠。

原文：

我侬词

管道升（元）

你侬我侬，忒煞情多，情多处，热如火。把一块泥，捻一个你，塑一个我。将咱两个，一齐打破，用水调和。再捻一个你，再塑一个我。我泥中有你，你泥中有我。与你生同一个衾，死同一个椁。

高手眼中的李小龙

我与李先生有过交流，并有幸与他共事数次。尽管我获得过 42 场空手道锦标赛的冠军，但我自认不是他的对手。他的速度超过了我认识的大多数空手道黑带。

——欧内斯特·耐布

（空手道冠军、美国空手道协会创始人）

截拳道十分科学且实用，尤其是在街斗中。

——李峻九

（美国跆拳道之父）

李小龙的三个学生乔·刘易斯、查克·诺里斯和迈克·斯通几乎赢得了美国所有主要的空手道锦标赛冠军。乔·刘易斯更是连续三年获得全国冠军。李小龙指导他们的方式就像是父母指导孩子。这一点让人目瞪口呆。就像走进旧时西部的一家酒馆，看到当地最有名的枪手站在那里，枪口上都是凹痕。然后一个可爱的小家伙走进来，说"我告诉过你多少次了，你一直都是错的"，而那名枪手一直在专注地倾听教诲。

——查克·诺里斯

（美国武术家、演员）

李小龙的拳脚是爆炸性的。他一脚把我踢开的时候，我觉得自己的视觉还停留在他踢我的时候。他所有的招式都蕴含完美的逻辑。

——肯·努森

（美国芝加哥格斗传奇）

李小龙的武术给我留下了深刻的印象。

——艾伦·斯迪恩

（美国加州空手道冠军）

我从未见过谁比李小龙的战斗力更强、战斗知识更丰富。

——弗雷德·雷恩

（美国空手道高手）

李小龙幽默风趣、令人着迷、无与伦比。我一直惊讶于李小龙闪电般的速度却还拥有重锤般的打击力。

——沃利·杰伊

（美国柔术大师，小循环柔术创始人）

我从未遇到过李小龙这样的人。我与不少空手道选手交过手，但李小龙是唯一一个完全压制我的对手。与他战斗时我十分敬畏。

——路易斯·德尔加多

（美国空手道高手）

李小龙的能力足以使他成为时代的传奇。

——杰·马瑟

（美国空手道教练）

译后记

拿到这本书的时候，我一眼就被它的题目吸引住，《生活的艺术家》。平时我们认识的李小龙，都是在荧幕上将双节棍舞得虎虎生风，嘴里发出自己标志性的怪叫，以及他最独特的招牌：截拳道。但是我们都忘记了，他也是一个有血有肉的人，和我们每个人一样，都要在一分一秒中度过自己的真实的一生。生活中的李小龙又是怎样的一个人呢？在创立截拳道的路上他又经历了怎样的挣扎？

这本书重点并不在于李小龙武术家的身份，而是着墨于他的哲学思想，与朋友的谈话，对自身的反省等武术之外的部分。如果你要解析他的格斗技巧，那就不能仅仅观察格斗技巧，而是要看他的思想、他的性格，甚至他的才情，因为这些才是一个人强大的根本，而格斗技巧仅仅是一个外在的表现形式。

儒家讲求"内圣外王"，唯有内心强大，有着坚定的信仰，才能去不断地追求外部的强大。李小龙出生于美国，长于香港，又在十八岁时返回美国，也就是说他从小就受到中国文化的熏陶，这一点，在他的哲学思想，甚至格斗技巧中都不难看出来。而后又到美国学习哲学以及心理学等课程，这复杂的人生际遇也注定了他的思想不会受限于国界。

李小龙的思想明显受到道家思想的影响，他所主张的"be like water（像水一样）"就是《道德经》中"上善若水"的境界。而这一思想，在他所创立的截拳道中也有所体现：随敌而动、后发制人、借力打力……因此在翻译的过程中，会有一种很亲切的感觉。虽然是将英文翻译为中文，但却能感觉作者的原意正是许多经典作品的引用，翻译时也会尽可能地翻译为经典原句，务求做到表达原意。

而他的诗歌中，饱含着对妻子深沉的爱，在爱情中的他，不再是那个一代宗师，而是一个普通的、心怀炽热爱情的少年，想要将自己真挚的感情全部表达给自己的爱人。

翻译过程中，译者不仅看到了李小龙先生作为一位知名武术家对于武术的看法以及其独特的思想，还看到了他身上作为正常人的那一部分，如何面对自己的职业，如何面对遇到的困难，如何安慰朋友，如何和家人相处等。也正是由于有了这些，李小龙在我心中的形象才逐渐丰满起来，不再是一个符号化的人，而是有血有肉有感情的个体。

随着翻译进度的推进，对于李小龙先生的了解越来越深入，也越来越惶恐自己的翻译是否能够完整地表达出原文包含的思想。希望大家能通过本书对李小龙有了更深的了解，若能如此，善莫大焉。